家装设计签单

换个模式谈方案

宋 健◎著

机械工业出版社
CHINA MACHINE PRESS

本书主要围绕"设计谈单"进行讲述。第一至三章主要解决的是"谈什么"，也就是内容的问题，第四至六章解决的是"怎么谈"，也就是方法的问题。在具体内容的安排上，本书的呈现逻辑非常清晰，即"提出问题—分析问题—解决问题"，其中的"解决问题"则采用了两种方式，一是"情景话术"，二是"答疑解惑"。本书案例丰富，易学易懂，是一本可快速提升室内设计师签单技能的实战宝典，亦可作为相关专业培训的教材用书。

图书在版编目（CIP）数据

家装设计签单：换个模式谈方案 / 宋健著 .—北京：机械工业出版社，2022.2（2024.1 重印）

ISBN 978-7-111-44800-6

Ⅰ.①家… Ⅱ.①宋… Ⅲ.①室内装饰设计—市场营销学 Ⅳ.① F407.915

中国版本图书馆 CIP 数据核字（2022）第 012268 号

机械工业出版社（北京市百万庄大街 22 号邮政编码 100037）
策划编辑：李 艳 责任编辑：李 艳
责任校对：刘时光 封面设计：张 静
责任印制：常天培
北京铭成印刷有限公司印刷
2024 年 1 月第 1 版第 3 次印刷
169mm×239mm·16.75 印张·2 插页·387 千字
标准书号：ISBN 978-7-111-44800-6
定价：69.00 元

电话服务   网络服务
客服电话：010-88361066 机 工 官 网：www.cmpbook.com
    010-88379833 机 工 官 博：weibo.com/cmp1952
    010-68326294 金 书 网：www.golden-book.com
封底无防伪标均为盗版 机工教育服务网：www.cmpedu.com

没日没夜地画图，

　　改方案，

签不到单，赚不到钱。

　　这样的日子还要多少年？

赚钱的设计师不辛苦，

　　辛苦的设计师不赚钱。

其实，不是你的方案不好，

　　而是谈单方法太缺少！

别再死缠烂打，

　　别再祈求签单，

多学一些方法，

　　才能更有尊严地赚钱！

行动起来，

　　比你的对手快一些，

学得更多一些，

　　签单才能更容易一些！

然后，多赚一些钱，

　　让自己和家人，

生活得更体面，

　　更有尊严！

这本书，

　　只要你能学到一个方法，

哪怕一个月多签一单，

　　就已经赚了！

如果你想

　　系统性地学习，

就用一个月的时间，

　　把这本书看三遍！

如果你想

　　短平快地提升，

就用一个星期的时间，

　　把视频课程看三遍！

如果你想

　　遇到问题要咨询，

那就给我的微信留言，

　　什么都能谈！

宋　健

◇◇

设计谈单，很复杂，但也很简单，概括下来：一是谈什么，二是怎么谈。本书第一至三章主要解决的是"谈什么"，也就是内容的问题；第四至六章解决的是"怎么谈"，也就是方法的问题。主要内容如下：

第一章的"空间讲解"，是设计师谈单的基本功，不论前期的空间造梦，还是后期的效果图讲解，其实都是在讲空间，都是以空间讲解为落脚点的。

第二章的"空间造梦"，从以谈布局、讲材料为主线的传统谈单模式，切换到更容易签单的"空间造梦"的模式，更符合顾客的购买心理。

第三章的"签单伏笔"，通过伏笔的设定，吊起顾客的设计胃口，让顾客追着设计师要方案，主动交订金做设计，可以说是设计订金的"助推器"。

第四章的"谈单思路"则是方法的基础，因为，只有思路和方向对了，具体的方法才有用，所以，捋清不同顾客及其不同阶段的谈单思路，是本章的重点。

第五章的"顾客把控"是具体的谈单方法，包括谈单气场、谈单局面的把控、顾客的引导等内容，是一招一式的话术与技巧。

第六章的"推动签单"主要是讨价还价和逼单技巧，所有的技巧与话术都是以顾客心理为逻辑，是需要记忆与反复训练的。

在具体内容的安排上，本书的呈现逻辑非常清晰，即"提出问题—分析问题—解决问题"，其中的"解决问题"则采用了两种方式，一是"情景话术"，二是"答疑解惑"，前者可以理解为"知其然"，后者则是"知其所以然"。

本书附有宋健老师微信联系方式，在阅读学习过程中有任何疑问均可在线答疑。

宋 健

目　录 ✧✧

第一章

空间讲解——设计谈单的基本功

第一节 建材门店：把产品"放在空间里去卖"

谈单困惑：

在瓷砖、顶墙、衣柜、整装等订制化建材门店里，顾客明明看中了某款产品，效果图也看了很多，可顾客的兴趣好像不高，总是应付式地回答"不错""挺好的""还可以"。怎样才能提高顾客对效果图的兴趣呢？

✦ 实战案例 ✦

图1

案例背景：

某瓷砖品牌门店，顾客看中了一款高级灰的大理石瓷砖。在驻店设计师的引导下，顾客对左图所示的案例效果图比较感兴趣，于是设计师开始了下面的讲解……

✦ 实战解析 ✦

1. 对于订制化建材门店来说，要想让顾客签单交订金，必须满足两个条件：

条件一：产品好，包括品质、美观、品牌、服务等。

条件二：装修使用后的效果好，也就是效果图或者样板间效果能征服顾客。

2. 怎样才能让顾客对案例效果图感兴趣呢？又有两个环节：

环节一：效果图好到本身"能说话"，而且正好被顾客看中了。

环节二：设计师讲得好，加深顾客对案例效果图的理解，甚至达到共鸣的程度。

3. 怎样才能把案例效果图讲好呢？

大家先来对比一下：

"讲解话术一"缺少空间讲解，缺少对空间认同感的激发，最后只能回归到产品上来，卖产品。

"讲解话术二"通过空间讲解，引发顾客内心深处的共鸣，激发认同感，顾客接受了空间效果，也就接受了产品，这就是卖空间。

◆ 实战讲解 ◆

讲解话术一

顾　客：嗯，这个效果挺不错！

设计师：是的，这个是新中式风格的，您感觉怎么样？现在新中式风格非常流行的。

顾　客：嗯，还可以。

设计师：您看，地面用的就是您看中的这款砖，这种高级灰的感觉非常上档次，非常适合您。

顾　客：呵呵。

设计师：这个地面采取的大砖直铺的方式，看上去非常大气。而且，地面的围边又和顶部形成天地呼应的效果，看上去非常协调有档次。

顾　客：围边用的是哪款砖，我看看！

设计师：您看，这就是围边用的两款砖，切割之后就可以做成这种造型了。您看这样吧，今天您先交1000元的订金，我让设计师给您量房做设计……

顾　客：这个先不急，我再看看其他的砖吧。

设计师：哎呀，这个砖真的非常不错的，而且效果又这么好。您放心，到时候方案您不满意，订金是可以退的，再说了，今天我们的促销力度非常大的……

顾　客：我再看看吧！

设计师：那好吧，您再看看有没有其他喜欢的砖吧。您看，这是新上市的岩板……

讲解话术二

顾　客：嗯，这个效果挺不错。

设计师：您真有眼光，这个是目前非常流行的新中式风格。这个空间效果给人的感觉是稳重、雅致且时尚，您感受一下是不是这种感觉？

顾　客：嗯，是有一点。

设计师：其实，它之所以有这种感觉，主要是它既蕴含着传统中式的古韵与稳重，又充满着现代简约的律动感，专业一点讲就是中式新古典主义，也可以说是中式浪漫主义，您看看是不是有一点浪漫的情调在里面？

顾　客：是哦？中式还能浪漫？

设计师：是的，您看整个空间的色彩和沙发背景"大雁回飞"的造型就能感受到了！其实，这个空间既体现了主人的稳重，又表达了不循规蹈矩的年轻心态，同时又表达了主人强烈的民族文化情结，您仔细琢磨一下，是不是？

顾　客：哦，没想到中式还能做成这个样子。

设计师：是的！不瞒您说，上个月××大学的一个中文系教授几乎把这个空间照搬到他家去了！而且，我们公司也做过统计，能够看中这种设计感觉的人，往往具有三大特点，一是具有强烈的民族文化情结的人；二是低调自信的人，不需要通过外在物质来证明自己的人；三是为人稳重，但心态年轻，甚至还有一些浪漫情怀的人！

顾　客：哈哈，你讲得一套一套的。

设计师：呵呵，您过奖了！不知您家客厅的格局是什么样子的？

顾　客：我家客厅和这个不一样，而且，这个地面的造型做法我不喜欢。

设计师：这个没问题，其实，您要的是这个客厅的整体感觉，也就是它所表达出来的味道，您说是不是！这样吧，您今天走一下流程交点设计订金，我让设计师上门量房出方案。

顾　客：可以，不过这种味道可一定要保留哦。还有，你们的砖能打几折啊……

✦ 答疑解惑 ✦

宋老师

请注意：
　　顾客如果对某个样板间或者案例效果图有兴趣，此时的兴趣是初步的，模糊的，驻店设计师要能够帮助顾客把这种感觉讲出来，具体化，引导顾客产生共鸣，让兴趣更加强烈，当空间效果接受了，你的产品也就接受了。

设计师

宋老师，那怎样才能进一步激发顾客对空间的兴趣呢？

宋老师

　　激发顾客对案例空间效果的兴趣主要有三讲解，首先要把顾客模糊的感觉具体化，帮他讲出来，这样他对这个空间的感受就会更加深刻，否则一句"您感受一下怎么样，喜不喜欢？"顾客只能停留在模糊的初级兴趣阶段，最后便是"随随便便兴趣一把"就转移了。

设计师

宋老师，怎样才能让顾客找到空间的感觉呢？怎样才能讲到位呢？

宋老师

　　其实，这个既难又容易，容易的是只需要大家从自己的感观出发去寻找感觉，这个感觉便是有色彩的和有造型的；难的则是大家的词汇太少。
　　所以，建议大家多阅读一些空间描述的书籍，积累更多的空间表达词汇。

设计师

宋老师，除了讲空间效果的感觉，还需要讲什么？

宋老师

感觉只是感官的，是外在的"面子"，重要的还要讲"里子"，即空间诉求，也就是这个空间的中心思想，比如它表达了什么，体现了什么，比如生活态度、人生追求、精神境界等。

请注意，空间诉求才是真正能够引起顾客共鸣的地方，而且，越是高端顾客，就越是注重诉求的表达和精神层面的呈现。

明白了，原来空间还有这么多东西要讲解！　**设计师**

宋老师

我还没讲完呢！

大家回看一下"讲解话术二"的"能够看中这种设计感觉的人，往往具有三大特点……"这才是空间讲解的落脚点，看上去是在讲别人，其实，更是讲给眼前顾客听的，是让他自己潜意识地去对号入座，这就是人群归类需求引导法，是不露声色地赞美。

是啊，以前我们习惯讲："这个空间高端大气上档次，非常有品位，就适合您这样的成功人士，非常适合您的气质！"说实话，我自己都觉得不舒服。　**设计师**

宋老师

哈哈，看来大家已经意识到问题了，可惜没有好方法啊。

总结一下：

想让顾客接受你的产品，就要先让顾客接受空间的效果，不是一上来就讲你的产品怎么样，而是先通过空间的整体感觉、诉求和人群导向的讲解来引起共鸣，当顾客提出具体的修改与调整时，便可以顺其自然地提出交订金做设计了。

✦ 在线互动 ✦

（针对本节内容，如有疑问，可通过"宋健个人微信"留言咨询，将在 48 小时以内得到答复）。

_____

_____

_____

_____

_____

_____

✦ 要点精炼 ✦

建材门店的设计营销分两段：

第一段：导购员讲空间，卖产品，引导顾客交订金，做设计。

第二段：设计师讲空间，卖方案，推动方案确认。

不管你是哪一段，"空间讲解"已经成了大家的必修课。

第二节　家装公司：把方案"放在空间里去讲"

谈单困惑：
　　方案效果图的设计理念是什么，空间效果有多好，该讲的我都讲了，可是，顾客虽然没有提出异议，但也没有表现出兴趣，更谈不上共鸣。到底怎样讲解才能打动顾客呢？

◆ 实战案例 ◆

图2

案例背景：
　　顾客来看装修效果图，设计师打开计算机，首先给顾客呈现的是如左图所示的客厅效果，于是展开了下面的方案讲解……

◆ 实战解析 ◆

■　方案效果图没能打动顾客，单从讲解的角度来说，原因如下：

原因一：顾客对方案的感受只是停留在模糊的、不具体的层面上，即便有兴趣，也只是初步的、不具体的，所以，感受肤浅，理解也就一般般。

原因二：设计师没有把设计理念讲出来、讲到位，于是顾客只能用业余的眼光去判断作品，结果往往是错位的。

原因三：不管什么样的设计，最后都要落在顾客的需求上，可是很多设计师却习惯性"我认为"式地把自己的设计理念强加给顾客，顾客的接受程度也就可想而知了。

■　上述三个原因在具体讲解中如何解决？大家可以通过下面的讲解话术来对比：

"讲解话术一"一上来就把主动权交给顾客"您看看怎么样，有没有什么问题"，于是，后面只能被动地回答顾客的问题，没有通过空间讲解来引起顾客共鸣。

"讲解话术二"从空间感觉、设计理念、顾客需求的满足等方面引起顾客共鸣，带着顾客感受空间，理解设计的出发点，把主动权留给自己。

◆ 实战讲解 ◆

讲解话术一

设计师：您看，这是根据您的要求设计的客厅效果，您看看怎么样，有没有什么问题？

顾　客：哦，是这个样子的啊！

设计师：您看，整个感觉可以说是简单大气，有档次，有品位，这就是轻奢的感觉！而且，这个空间线条明朗，左右上下均是对称呼应的设计，显得非常精致。您看地面，我用了简单的围边，让地面非常有层次……

顾　客：这种感觉会不会太冷了呀？

设计师：不会的，色调上可以通过软装来调整的，比如您选用暖色系的沙发就可以了。

顾　客：电视背景和沙发背景是一样的啊，这样太单调了吧？

设计师：不单调的，这样整个空间的整体性才能强，如果背景换成颜色鲜艳一些的，就不协调了。

顾　客：还有，地面会不会太亮了呀，感觉整个空间的光线有点强。

设计师：不会的，地面就是您选择的砖呀，而且，您看高级灰多有档次呀。

顾　客：这样吧，你把图发给我，我再和家人商量一下吧。

设计师：好的，等你们商量好了，到时候再统一做修改吧。

讲解话术二

设计师：您看，这就是根据您的要求设计的客厅效果图，您先琢磨一下它的整体感觉。

顾　客：哦，是这个样子的啊。

设计师：是的，这就是客厅的感觉！您看它整体的感觉是简洁、大气、优雅、干练，简单之中流露出奢华的品位与档次，但又避免了传统豪华的张扬与俗气，这就是轻奢的主要特点！您再体会一下是不是这种感觉？

顾　客：嗯……

设计师：另外，您再琢磨一下，它是不是优雅之中又带着刚毅？这种感觉主要是为了表达简单而又高品质的生活态度，同时又突显了积极、坚定、不随意妥协的处世之道。这就是客厅设计的精髓所在，也是我的总体设计理念所在。

顾　客：嗯，我再看看。

设计师：其实，之所以给您设计成这样子，给您如此构思，是因为您之前提过两个要求，一是第一次见面给您看案例的时候，您比较喜欢轻奢的设计；二是您要求简单大气，有品位，不能太平淡；然后则是我自己的判断，通过前两次的沟通，我感觉您说话做事非常干练，从不拖拉啰唆，其实，这一点从您的气质上就能得到印证，所以，我就大胆做了揣测与判断，希望不会冒昧啊！

顾　客：哦，没关系的！你们做设计的就需要这方面的能力。

设计师：呵呵，感谢您的理解！其实，家居室内设计主要在客餐厅，因为这些公共空间既是"面子"又是"里子"，就像穿衣服一样，要美观，更要有精神层面的表达，您说是不是！

顾　客：嗯，这种感觉整体上没问题，不过我觉得颜色上有点太冷了吧？

设计师：您真有眼力，不过，这个问题我已经帮您想到了，可以这样解决……

◆ 答疑解惑 ◆

宋老师

　　空间讲好了，方案也就讲好了。
　　家装公司的设计师讲空间卖方案，建材门店的设计师讲空间卖产品，但是两者空间讲解的目的是不一样的。后者是利用案例效果图刺激顾客的需求，推动确认选择哪一款产品，然后推动交订金做设计。而家装公司设计师的空间讲解，则是推动顾客确认方案，推动最终的签单合作。

设计师

　　宋老师，那方案效果图的讲解主要包括哪些内容呢?

宋老师

　　想让顾客接受设计师的方案，同样是先从整体入手，只要整体上顾客接受了，即便有修改，那也是局部的。
　　当然，首先要从整体感觉讲起，用词要准确，才能把顾客的感觉具体化，才能加深顾客对这个空间的理解。

设计师

　　空间的整体感觉我讲了，可是顾客总是没感觉，是怎么回事呢?

宋老师

　　这个问题是多方面的，一是大家词汇量的缺失，用词不准，什么都"高端大气上档次"；二是要用词语表达，不能用长句子，否则顾客记不住；三是语气要"慢而重"，千万不能"轻而快"，要给顾客回味的过程。
　　空间的整体感觉讲完之后，就要讲解自己对这个空间的总体设计理念。

设计师

　　什么是设计理念呢? 该讲什么内容呢?

宋老师

其实，设计理念也就是空间诉求，即设计师主要是要表达什么，体现什么，这样就可以把顾客对这个空间的理解提高一个层次。

很多设计师都把设计理念讲出来了，但是却没有强调"我的总体设计理念是……""这就是我的整体设计理念"，要知道，有这句话，顾客就会觉得你是有思路，有想法的。没这句话，顾客可能都没想起来你讲的是设计理念！

设计师

不过，"讲解话术二"中除了这些内容，后面还讲了设计理由，感觉挺有道理的。

宋老师

是的，设计理由就是回应顾客需求！

任何设计最后都要落到顾客的需求上，这才有说服力！

怎么讲呢？很多人苍白无力地强推"这就是您要的！""这种感觉非常适合您！"我建议大家采取"讲解话术二"中的方法，即"之所以这样设计，是因为您之前要求过，您提出过，您强调过"，最后，再来一个自己对顾客的判断。

设计师

明白了！不过，对顾客的判断我们也经常讲，比如他的穿着、气质、言谈举止等。但是，好像有时候能感觉到顾客的尴尬。

宋老师

是的，越是有想法有主见的顾客越是不希望你对他评头论足。更何况很多时候大家的判断还未必正确。

所以，建议大家像"讲解话术二"中一样，先讲"您要求过""您强调过"，然后再讲对顾客的判断，这样顾客的敏感度就可以降低一些。

总结一下：方案效果图能不能够通过，不在于具体的某个设计点，而是整体上的感受，切忌不要停留在表面的感受上。

◆ 在线互动 ◆

（针对本节内容，如有疑问，可通过"宋健个人微信"留言咨询，将在 48 小时以内得到答复）。

_____

_____

_____

_____

_____

◆ 要点精炼 ◆

"三分方案，七分讲解"是对营销型设计师的准确概括。很多时候，不是你的方案不好，而是你没有把该讲的东西讲出来，讲到位。

第三节 整体讲解：想要共鸣讲诉求

谈单困惑：

　　面对方案效果图，我把每个部位的设计理念都讲到位了，甚至怎样为顾客省钱都告诉他了，可是顾客还是没什么感觉，好像找不到共鸣，怎么办？

◆ 实战解析 ◆

　　■ 顾客不接受你的方案，对方案没有共鸣，主要原因如下：

　　原因一：设计方案缺少灵魂，没有诉求，的确没有可以打动顾客的地方。

　　原因二：没有把空间的诉求讲出来、讲到位，以至于顾客的理解只是停留在表面的自我感觉上。

　　原因三：设计师只会讲"实"，不会讲"虚"，只会讲解自己擅长的具体设计，而不懂得怎样先从整体上吸引顾客。

　　■ 没有诉求的空间是没有灵魂的，应该先有诉求，再有设计。如果你没有，说明你的设计层级还需提高。而空间诉求的讲解，需要阅历的沉淀才能看得懂；更需要素材的积累才能讲得出来，讲得到位，才能引起顾客的共鸣。

　　下面宋老师给出不同空间的诉求话术，希望大家用心研读，积累素材。

◆ 实战讲解 ◆

案例一：现代简约客厅 ▶▶▶

图3

诉求讲解：

　　您看，整个客厅给人的感觉是色调柔和，质感饱满，简约精致，营造出一种舒适放松的家居氛围。

　　这个空间定位低调，追求品位，给人一种雅致的生活情怀，尤其统一的色调和对称的线条造型，简洁明朗，有规律，体现出立场鲜明、恪守规则的处世态度。

案例二：现代简约客厅 ▶▶▶

图 4

诉求讲解：

您看，整个客厅的感觉是简单、大气、通透、亮堂、优雅且精致。

其中，主要的设计理念是运用了现代简约的手法，既避免了传统中式的沉闷与压抑，又凸显了中式情怀，同时还营造出江南白墙灰瓦的优雅与轻快，尤其电视背景墙不仅展现了天高云淡、登高望远的豪迈情怀，更是体现了历经沧桑之后淡然于心，安然于世的格局与境界。

案例三：现代艺术卫生间 ▶▶▶

诉求讲解：

您看，整个空间给人的感觉是简约、时尚，充满着艺术氛围。

它的主要设计理念是，通过艺术性的呈现，表达出富于变化的生活追求，说实话，这种感觉还真是需要有一定的欣赏能力才能接受。

之所以如此构思，主要是因为您是一位音乐老师，艺术欣赏能力比较高，虽然您是前辈，但是思维活跃富于变化。我觉得您的心理年龄要比大多数同龄人年轻很多，所以，我就大胆地构思了这个空间效果，您再仔细琢磨一下这个空间的味道……

图 5

案例四：现代极简卫生间 ▶▶▶

图 6

诉求讲解：

您看，卫生间的感觉是静谧、清澈、致远，给人一种高处不胜寒的意境。

这个空间的主要设计理念是要表达对世俗的超脱，是为了体现历经沧桑之后心如止水、与世无争的思想境界。

之所以给您如此构思，是因为我觉得您事业成功，见多识广，历经沧桑之后，对物质的、浮躁的东西看开了，更看淡了世间的纷争。尤其和您沟通下来，能从您身上感受到大开大合的人生格局与高度，您再琢磨一下这种意境的味道……

✦ 答疑解惑 ✦

宋老师

任何设计，都是人们内心情感的外在表达。

诉求把握好了，也就把握住了顾客的心，这是"卖人心"的关键所在。

随着生活水平的提高，人们对家居空间的要求不只是停留在美观与档次的阶段，而是越来越注重精神层面上的表达。

设计师

可是，很多刚需型顾客并不太在乎诉求吧，他们更加注重实用。

宋老师

不管是刚需型，还是改善型、享受型，实用只是家居空间设计的基础要求，刚需型顾客之所以没有在实用之外提出更多要求，并不是他们没有诉求，而是不敢奢望，或者压制着精神层面上的表达，因为他们知道房子的空间有限。

所以，如果能够帮助刚需型顾客实现这一被压制的需求，就更能抓住顾客的心。

设计师

空间的诉求包括哪些内容呢？怎样才能把诉求讲到位呢？

宋老师

一个空间的诉求包括两个方面，一是能够看得到的空间本身的诉求，比如是优雅的，还是干练的，是内敛的，还是个性张扬的等；二是能够了解顾客内心所要表达的生活方式，人生追求，思想境界等。

第一个方面通过感官是能够感受到的，第二个方面则需要阅历与积累，否则就很难拿捏到位，进而很难引起顾客的共鸣。

设计师

顾客的诉求有没有一些趋同的方向或者分类，这样我们也能作为参考？

宋老师　有的，一般情况下，刚需型顾客还处于物质追求阶段，一般诉求的是美观与希望。

改善型顾客在物质上基本满足，不仅需要外在物质品位与档次的表达，而且也需要生活方式和生活态度的呈现。

高端享受型顾客更加重视精神层面的内在实现，满足自身的思想境界。

设计师　您这是按照顾客消费水平来划分诉求的，那不同的风格有没有区分呢？

宋老师　我个人认为，基础刚需型顾客，通常选择现代简约风格的比较多，他们诉求的是生活方式。

置换的改善型顾客，则会关注品位与档次的表达，比如轻奢、简欧就是代表。

高端顾客在物质完全满足之后，见多识广，更加自信，开始低调，开始追求精神层面的实现，那中式和极简风格便是最佳的选择了。

设计师　有时候空间诉求明确了，但是怎样讲解才能让顾客接受呢？

宋老师　是的，怎样让顾客听进去才是最重要的，所以我建议，不要赤裸裸地强推"这样的诉求非常适合您。""这样的设计多有档次啊，就适合您这样的成功人士。"等。

而是从顾客利益的角度出发，从顾客需求的角度来讲，把你的设计理念落在顾客的需求上，比如可以这样讲："之所以给您设计成这种感觉，是因为您之前要求过……""这个空间之所以如此表达，是因为您强调过……"，而不是说"我认为应该……""我感觉应该……"

◆ 在线互动 ◆

（针对本节内容，如有疑问，可通过"宋健个人微信"留言咨询，将在 48 小时以内得到答复）。

◆ 要点精炼 ◆

效果图的讲解有两个层面：

第一个层面，讲"实"的，也就是看得到的色彩、造型、灯光、功能等，这是绝大多数设计师都能讲得出来的，当然，也是刚需型顾客所在意的。

第二个层面，讲"虚"的，那就是空间背后看不到的情感诉求，比如生活方式、人生追求、处世态度、思想境界等，这是让很多设计师为难的，但却是改善型和享受型顾客所重视的。

第四节　地墙讲解：面的地方有"三讲"

谈单困惑：

谈到具体的设计点，顾客总是这样修改，那样调整，结果效果图被改的面目全非，影响了方案的确定与签单，怎样讲解才能减少顾客的质疑？

◆ 实战解析 ◆

■　顾客质疑具体的设计，主要原因如下：

原因一：顾客真的不喜欢，不符合顾客的审美要求。

原因二：设计师没有把设计理念、设计理由讲出来，顾客对设计的理解不够。

原因三：地墙是空间的背景色，也是面积最大的部分，设计师要从整体上讲局部，而不是就局部讲局部，否则，顾客对地墙的设计理解就不全面，质疑也就增多。

原因四：缺少专业的有高度的设计术语的运用，以至于对顾客的影响力不足，质疑也就变多。

◆ 实战讲解 ◆

案例一：轻奢客厅 ▶▶▶

图7

地墙讲解：

您看，地面简洁、清爽、精致、有层次！

而且，地和墙的色调与整个空间完全统一，凸显了空间的整体性，而精致的玫瑰金色围边线条的点缀，奢而不华，增添了地墙的层次与品位，避免了呆板与单调，又和顶部形成呼应，尽显和谐之美。

案例二：新中式客厅 ▶▶▶

图 8

地墙讲解：

"木、布、玉"是中式家居室内装修的三大经典材料，您看墙面以米白色的麻布做底，色调柔和、质感饱满，提升了空间的温馨与优雅。

而简化了的中式线条做点缀，勾勒出中式文化情结，在黄色的麻布映衬下，使空间显得简单、精致、轻快。

地面高级灰的大理石瓷砖大气、低调、稳重，看上去和墙面一样柔和、饱满。

地面围边的运用既增添了地面的层次给人精致的感觉，又和顶部形成天地呼应，给人一种庄重感。

案例三：工业风卫生间 ▶▶▶

地墙讲解：

您看地面，色调和整个空间融为一体，纯粹干净。做旧的高级灰水泥砖质感饱满，复古沧桑，带给人怀旧的情怀。

简单的铺贴，整体性好，加以斑驳的工业风艺术砖的点缀，既凸显复古情怀，又提升地面的层次与格调。

而墙面与地面同砖整铺，窗台和淋浴背景旁边艺术砖的运用，更增添了空间的格调感与趣味性，避免了整体灰色带来的生冷与呆板。

图 9

案例四：现代简约卫生间 ▶▶▶

图 10

地墙讲解：

您看，卫生间给人的感觉是不是温馨、优雅、精致且有格调？

这主要因为地墙首先采用的是淡黄色系的同砖铺贴，尽显温馨与优雅。另外，墙面腰线的运用，使墙面精致有层次，而地面深色线条的点缀，不但让地面有了层次与灵动感，又突出了整个空间的格调感，可谓是整个卫生间的点睛之笔。

◆ 答疑解惑 ◆

宋老师

作为背景色的地和墙，要进行整体性的讲解，才能让你的设计理念有理由，有依据，否则，顾客就会这里修改，那里调整，让自己的方案陷入被动。

设计师

整体性的讲解，具体该怎样讲呢？

宋老师

地和墙都属于空间里的"面"，请注意，只要是"面"的地方，就要从两个方面进行讲解，一是讲色彩，二是讲造型。

而在具体讲解的时候，又分为三讲解，比如就地面的色彩来说，一讲地面色调给人的感觉，二讲地面色彩的组合方式，三讲地面色彩和整个空间的色彩关系。至于造型的讲解，以此类推即可。

设计师

那为什么还要讲感觉呢？

宋老师

请注意，我们现在是"讲空间"，是讲给顾客听的，那就先从感性入手，这是顾客最容易接受的方式，而后面的两个讲解才是传递设计理念的地方，所以，前后顺序不要颠倒。

设计师

现在流行简约风，地墙往往没有造型，那色彩和造型的组合方式又该怎样讲？

宋老师

学习不能太死板，没有造型，那就不讲了呗！

比如造型来说，如果是大砖整铺，就讲简单、大气；如果是错铺，就讲层次；如果是小花砖点缀，就讲格调；如果地面有围边，就讲天地呼应；如果造型个性突兀，就从艺术设计效果进行讲解。

有道理。不过色彩又该怎样讲呢？ **设计师**

宋老师

看来大家真的需要提高词汇的积累了。

就色彩来说，如果色彩统一，就讲风格纯粹，整体性强；如果大面积撞色，就讲大胆、个性；如果地墙单一且是暖色系，就讲优雅；如果单一的冷色系，就讲低调、静谧、舒适；如果实在没色彩，就讲故意留白，是留给软装搭配的，等等。

✦ 在线互动 ✦

（针对本节内容，如有疑问，可通过"宋健个人微信"留言咨询，将在48小时以内得到答复）。

_____

_____

_____

_____

_____

_____

✦ 要点精炼 ✦

具体部位的讲解不能"只见一斑"，要把部位放在整体空间里去讲，要引导顾客从整体上去理解、去思考。否则，只看局部的修改，方案一定是"面目全非"。

第五节　背景讲解：把无形的东西讲出来

谈单困惑：

电视背景、沙发背景、餐厅背景、玄关背景、浴室背景等，都是客单值提升的地方，也是出效果的地方，可是顾客往往顾忌费用高，而选择"减配"或放弃。怎样讲才能让顾客觉得背景必不可少呢？

◆ 实战解析 ◆

顾客取消或者减少背景墙的设计，原因如下：

原因一：缺少共鸣

设计师只从美观的角度讲解，没有把背景放在空间里去讲，更没有上升到主人情感诉求的高度去讲，顾客自然很难被打动，必要性也就可想而知了。

原因二：只讲局部

设计师只讲解单体背景好不好，没有从空间的整体性上讲解背景与整体空间之间的关系，所以，顾客感受不到背景的必要性，自然也就习惯性地做减法了。

原因三：费用高昂

很多刚需型顾客被设计师吓坏了，一提起背景，就想起高昂的费用，于是压抑需求，本能地拒绝，殊不知"换种材料和工艺，其实是花不了多少钱的"。

◆ 实战讲解 ◆

案例一：中式端庄客厅 ▶▶▶

图 11

背景讲解：

您先琢磨一下电视背景的感觉：端庄、大气、稳重，给人以力量。

一般来说，中式风格体现中庸思想，客厅没有焦点，往往表达一个人成功之后淡雅于心，与世无争，可是，您看这个客厅却给人以力量，以激情，它既诉说着过去的故事，又说明了当下的成就，同时，更表达了不甘于现状，志在千里的思想境界。

可以说，这种感觉，如果一个人不够成功，如果没有老当益壮的激情，还真的欣赏不了，驾驭不了。这个背景就是客厅的灵魂，更是主人格局与境界的最有力的表达。

案例二：中式现代客厅 ▶▶▶

背景讲解：

沙发背景是客厅的灵魂，它呈现了主人的精神世界。您看，清明上河图气势恢宏，惟妙惟肖。

您再来看电视背景，简单大气、精致、色调柔合、质感饱满；浅灰色和地面和谐统一，一大两小中式对称线条框和沙发背景造型呼应，两边简化的中式花格色调沉稳、造型简单，提升了空间的精致感与文化感。

您再从整个客厅来看，两个背景一简一繁，既呼应，又衬托，既凸显了浓烈的中式情怀，又蕴含着简约而不简单的生活态度。

图 12

案例三：浴室背景 ▶▶▶

图 13

背景讲解：

您首先感受一下整个空间的意境，是不是优雅的、飘逸的，而且还有一种出水芙蓉的感觉？

其实，优雅主要来自于地墙和光线的效果，而飘逸的出水芙蓉感觉，则来自于浴缸背景，可以说，它是整个空间的点睛之笔。试想一下，如果这个背景没有了，或者换作其他背景，整个空间一下子就单调了，或者变味了，您说是不是？

案例四：工业风卫生间 ▶▶▶

背景讲解：

　　您先看一下卫生间的整体感觉，可以说是色调柔和、质感饱满，尤其复古沧桑的年代感，有格调，有情怀。

　　淋浴背景和浴室背景的横竖交错，凸显了空间的层次感，又拉伸了空间的延伸感，再加上小花砖的组合与呼应，温馨有格调。

　　这两个背景可以说是相互存在的，试想一下，不管少了哪个，卫生间的感觉就会变味，甚至呆板无趣，您说是不是？

图 14

✦ 答疑解惑 ✦

宋老师

　　顾客拒绝背景墙设计，很多人认为是预算超标的问题，其实，这只是表面现象。

　　根源是大家没有从顾客内心深处去为引导顾客需求做铺垫，更没有引导顾客从空间的整体上去理解，以至于，要么直接不做了，要么把背景修改得面目全非。

那怎样才能说服顾客接受背景墙呢？　　**设计师**

宋老师

　　这个问题很大，单从讲解的角度来说，首先，要先引导需求，告诉顾客背景是一个空间的焦点，是体现主人品位的地方，比如客厅，如果没有沙发背景或者电视背景，这个空间就像少了灵魂一样，没有了生命力，至于费用的高低，那就看怎么做了。

明白了，不能一上来就只讲背景本身，要先引导需求。　　**设计师**

宋老师

是的，这是在做铺垫，尤其刚需型顾客，更需要铺垫，否则，他们第一反应就是超预算。

接下来，最关键的是要把背景的诉求讲出来，比如表达了什么，体现了什么等，这才是引导顾客产生共鸣的关键。

设计师

知道，就是帮顾客讲出背景的意义。

宋老师

非常对。

每个人内心深处都有一个愿望、一个情结，这个情感要通过你所讲的来激发、来挖掘，一旦被你勾到了那一根弦，顾客也就被你锁定了！

当然了，在讲诉求之前还要先进行第一步"背景墙感觉"的讲解，这里就不做过多阐述了。

设计师

顾客认可背景墙，可是总要这里修改，那里调整，最后影响了效果，怎么办？

宋老师

局部的调整一般是会有的，虽然不能避免，但却可以减少。

减少的方法就是：从色调和造型的角度，讲如此设计组合的合理性，不可分割性；讲背景是怎样和空间的色彩造型呼应的，等等。

总之，就是从整体性上讲解设计理念，而不只是讲某个部位设计得多么好！

设计师

有时候客厅背景和餐厅背景顾客只想保留一个，怎样才能让他两个都接受？

宋老师

哈哈，这是我在"签单伏笔"章节里要讲的内容哦。

首先，告诉顾客进门第一视角的重要性，肯定要保留第一视角的背景。

然后，再从客餐厅既相互独立，又空间统一的角度出发，告诉顾客第二个背景是由第一个背景延伸而来的。就像穿衣服，想穿出西装的笔挺气质，但是总不能上身西装，下身穿个休闲裤吧。所以，第二个背景可以做得简单一些，选材的造价降低一些，但是做还是必需的。

◆ 在线互动 ◆

（针对本节内容，如有疑问，可通过"宋健个人微信"留言咨询，将在 48 小时以内得到答复）。

_____

_____

_____

_____

_____

_____

◆ 要点精炼 ◆

围绕背景做方案，空间才有立足点，设计才有主线。

围绕背景讲诉求，方案才有思想，空间才有灵魂，顾客才有共鸣。

第六节 吊顶讲解：色调造型和光线

谈单困惑：

有的顾客质疑吊顶设计得好不好，也有的顾客看了效果图之后，却"这里不做了""那里不要了"，最后只保留了一圈石膏线，真是让人哭笑不得。

◆ 实战解析 ◆

■ 看了效果之后顾客取消或者减少吊顶，原因如下：

原因一：吊顶本身设计得不好看，加之费用的考量，顾客干脆选择放弃。

原因二：设计师只讲吊顶本身有多好，没有把吊顶的具体设计和整个空间的关系联系起来，顾客的理解就会是片面的，所以质疑自然就会增多。

原因三：设计师没有从空间的独立性上引导顾客思考，顾客就认识不到每个空间吊顶的必要性，最后选择的时候自然会做减法。

■ 下面是关于吊顶本身讲解的话术案例，希望大家参考借鉴。至于怎样从空间的关联性与独立性上引导顾客，大家可以学习第三章"签单伏笔"中的内容。

◆ 实战讲解 ◆

案例一：新中式客厅吊顶 ▶▶▶

图15

吊顶讲解：

您看吊顶的整体感觉：大气、简单，不失层次，其造型和整个空间融为一体。

首先来看色调搭配：主色为清爽的白色，既明亮又减少沙发背景的黑色带来的压抑感。黑色中式线条边线精致稳重，既赋予格调与层次，又回应了整个空间。

其次来看造型设计：结构简单、大气、清爽，方正造型呼应着整个空间，表现出方方正正的中式文化内涵；内嵌式两级顶既呼应整体空间简约的诉求，又不失层次，加之黑色边线在色调上的点缀，更是增添了顶部层次的灵动感。

最后来看灯光组合：顶部不设焦点灯，靠墙灯槽作为主光灯，既保证了客厅的亮度，又多了几分柔和，加之周边筒灯的映衬，使整个空间有亮度有氛围。

案例二：新中式卧室吊顶 ▶▶▶

吊顶讲解：

先来看顶部的色调：统一的白色调，简洁、明亮，避免了传统"中国红"带来的沉闷与压抑；同时又和背景形成和谐呼应，给人以天地相连的感觉。

再来看造型：两级顶简单而精致，镂空中国结花格精致而且寓意美好，中式布罩吊灯凸显顶部的立体与层次。

最后来看灯光：暖色的中式布罩吊灯，既凸显中式文化，又和镂空花格灯的冷色光形成呼应和交融，提升了卧室的温馨感。

图 16

案例三：简欧客厅吊顶 ▶▶▶

图 17

吊顶讲解：

您先感受一下整个空间：清爽、简单，风格整体性强，既保留了欧式的奢华感，又摒弃了欧式原有的烦琐与沉闷。

首先，顶墙纯白色的整体运用，营造出新古典的整洁与清新。自上而下的整体墙框，替代了传统的墙框加墙裙，更加简单大气。罗马柱的运用让顶墙成为整体，更是表达着主人对欧式风格的喜爱。

与一般的欧式吊灯相比，平板灯、靠墙灯槽和围边筒灯结构简单，冷暖呼应，既保证了空间亮度，又提升了空间灯光色温的舒适感。

✦ 答疑解惑 ✦

宋老师

吊顶有五大作用，一是拉高或降低房间的视觉高度；二是掩盖横梁、管道等隐蔽工程；三是呼应整体设计，美化空间；四是丰富空间灯光的层次与效果；五是空间分割。

但是，购买普通商品房的顾客，由于层高等问题不愿意做吊顶，所以，吊顶的讲解，不但要讲美观，更要讲功能。

对于隐蔽功能，一般情况下顾客都能理解和接受，那美观该从哪些方面去讲解呢？

设计师

宋老师

首先，要把整体空间的感觉讲出来，以争取顾客整体上的认可，然后再讲顶部的效果，顾客会更容易接受一些，因为它们之间是局部与整体的关系。

顶部的感觉怎么找？可以从色调、造型、光效三个方面去概括，这个方法前面已经讲过。

那具体的设计理念怎么讲呢？

设计师

宋老师

具体的设计理念其实就是色调、造型、灯光的组合方式的问题了。比如色调，要讲整个顶部色调的组合方式，以及和整个空间的关系是什么样的，比如是统一的还是撞色的，是提升了亮度还是增添了稳重感，等等。

而造型的讲解也是这个逻辑，一般情况下，顶部的造型和墙面是要统一的，否则就不和谐，不统一。那么反过来讲就是设计的理由，设计的理念。

那灯光该从哪些方面去讲解呢？

设计师

宋老师

　　灯光的知识比较复杂，这里我只从灯光效果的角度来讲解。

　　吊顶灯光组合可以从三个方面讲解，一是讲整体灯效是什么样子的，比如是温馨的，还是优雅的，或是豪气的，等等；二是讲顶部每个单体灯的作用，灯光组合的基本原理，比如冷色灯、暖色灯、背景灯、主题灯、色温、照度等。此时需要运用专业术语，来提升顾客对你的专业度的认可。

设计师

这么多的内容，都需要向顾客讲明白吗？

宋老师

　　一般是不需要的，可以视顾客的反应来讲，比如你把灯光的整体效果讲完，顾客也认可了，或者没有提出异议，也就没有必要对细节进一步讲解了。但如果顾客有疑问，或者想做深入了解，就需要再来讲解灯光的设计理念与方法。

设计师

明白了，那么第三方面要讲什么？

宋老师

　　第三要讲每种灯光之间的关系，它们之间的存在是为了烘托什么样的空间效果，比如，是冷暖交融，还是点缀，是提升氛围，还是提升亮度，或是提升空间档次，等等，也就是局部与整体的关系是什么。

　　总结一下：不只是灯光的讲解，其实整个方案的讲解都要先从感觉和整体入手，如果顾客接受了，那也就没必要多讲什么了。如果有问题，就再从问题入手来讲解其中的原理和理念。如果不看顾客反应，一股脑地讲解，很有可能节外生枝，带来不必要的麻烦！

设计师

现在流行极简风格的平层顶、无主灯，但有的顾客却感觉没层次、没档次，怎么办？

宋老师

这不是吊顶好不好的问题，而是前期沟通的问题。

首先，平层顶也好，无主灯也罢，之前你们肯定沟通过，看过案例效果图确认过感觉的，否则，你怎么敢给顾客如此设计呢？所以，这是前期沟通的问题。

第二，顶部讲解之前，要先从整体上让顾客接受，一旦整体空间认可了，局部改动的想法也就变少了。

第三，如果顾客提出平层顶没层次，无主灯没档次，那就从空间需要的角度去讲解，比如风格的整体性，空间诉求的准确性，风格趋势的流行性，等等。

设计师

有的顾客为了省钱，客厅做吊顶，却把餐厅或者过道的吊顶给取消了，这样的顾客怎么办？

宋老师

这是做局部，还是做全屋的问题。

怎样引导顾客做合适的吊顶呢？

举个例子，顾客的地面是木地板或者瓷砖整铺，所以，空间的独立性就很难从地面体现出来了，于是，你就可以告诉顾客，客厅吊顶和餐厅吊顶是唯一能够区隔空间的途径。

再比如，很多房子的通道两头是断开的，看上去不协调，但顾客又不愿意花钱在地面做造型，所以，为了体现空间的独立性，也就只有通过顶部来实现了。

总之，吊顶的取舍，不能只看吊顶本身好不好，还要看空间关系的需要。

◆ 在线互动 ◆

（针对本节内容，如有疑问，可通过"宋健个人微信"留言咨询，将在48小时以内得到答复）。

_____

_____

_____

_____

_____

_____

◆ 要点精炼 ◆

顾客做不做吊顶，做局部还是做全屋，不是看到效果图的时候才讨论的，而是首次见面或者量房的时候，通过"空间造梦"提前确定的。

第七节　四讲软装：打消最后的顾虑

谈单困惑：

　　平面方案、效果图都满意了，可顾客却突然犹豫了起来，理由是"等沙发家具看好了款式再来定。"于是我就告诉顾客按照图片上的款式买就行了，可是顾客将信将疑，仍然定不下来，怎么办？

◆ 实战解析 ◆

　　■　顾客因为家具的款式而犹豫签单，原因如下：

　　原因一：家装公司的硬装设计师，讲解方案的时候重硬装，轻软装，没有打消顾客对软装搭配的顾虑。

　　原因二：设计师只讲解效果图里的搭配方案，于是顾客便纠结这样的软装好不好，或者软装容不容易买，顾虑不但没有减少，反倒增多了。

　　原因三：顾客对软装的顾虑不是要一个标准答案，而是方向和建议。可是很多硬装设计师没有明白顾客的这一心理，把"软装建议"搞成了"软装方案"，这种自我设限式讲解只能增加顾客的顾虑。

　　■　对于家装公司的硬装设计师来说，给顾客的软装建议，第一步可以先讲解方案里的软装搭配方法。如果顾客提出质疑，再做第二步的"软装建议"，此时，给出的是范围性的建议，不是标准答案。

　　同时，还要提醒顾客，即便效果图精准地明确下来，除非定制，否则也是很难买到一模一样的软装产品，所以，只要按照你的建议就可以保证效果。

◆ 实战讲解 ◆

案例一：新中式 ▶▶▶

软装建议：

　　一个空间的整体效果既来自于硬装的几个面，又取决于软装的组合与搭配。

　　您看客厅的整体效果可以说是优雅、精致、简洁，而且色调柔和，质感饱满，给人一种江南白墙灰瓦的意境，您看是不是？

图 18

之所以会有这种感觉，主要是软装家具与整个空间和谐统一。首先，整个空间几乎只有两种色调，即胡桃木色和米黄色，电视柜、茶几、沙发的框架以及窗帘等色调完全和硬装的中式线条统一，米黄色的布艺沙发又和地墙顶形成呼应。"木、布"材质的选择，色调柔和，质感饱满，把中式风格低调与内敛的气质表达得非常到位。

效果图里所搭配的家具款式是中式的经典款式，估计您在很多家具店里都见过类似款式。所以，您买家具的时候，不一定非得严格按照效果图里的去买，只需要按照其中的色调、造型和材质去选择，就一定能够保证您想要的效果。

案例二：轻奢 ▶▶▶

软装建议：

一个空间带来的感觉首先来自于色调，硬装色调统一的空间需要通过后续的软装来点亮，但如是撞色的空间则需要通过软装来协调或者过渡，以降低空间色调的突兀感。

您看这个空间的用色，首先地面和墙面的黑白色大胆、个性，凸显出与众不同的品位与欣赏立场。但是，为了能够让黑白色不突兀，沙发就选用了灰白色作为主色调。这样一来，就在地和墙之间起到了很好的过

图 19

渡，让整个空间的视觉效果更平衡一些，你感觉一下是不是？

当然，因为地面的高级灰亮度较高，所以沙发选用了色调柔和的布艺，可以降低地面亮度带来的光线压力，增加空间的舒适感。所以您后续选择沙发的时候，最好也选择布艺的或者亚光的。

另外，为了满足轻奢的诉求，您在选择茶几或者小件家具的时候，就像效果图里一样，最好选用带有玫瑰金线条的，这样和顶部呼应起来，空间的整体性就更强了。

最后，如果您觉得这个空间的色调有点冷，则可以选择浅咖、淡红等色彩比较亮的抱枕、摆件来调和，您琢磨一下是不是这个感觉。

案例三：简欧 ▶▶▶

图20

软装建议：

　　欧式风格一般讲究经典、纯粹，您看客厅整体上就两种主色调，黑和白，另外加上黄色的点缀，可以说是大气、稳重、经典、有层次。

　　首先，比较亮眼的便是欧式古典主义的凳子与单人沙发，尤其它们弯曲而黑色的腿部，便是对电视背景墙的最好呼应，让整个空间既简单又富有古典的情怀。

　　再来看沙发的色调和造型都属于现代简约的，这样既呼应了顶墙的造型，又降低了黑色带来的压抑感。

　　最后，建议您可以像效果图里一样，选用一些黄色、浅咖色来点缀空间色彩的层次感与温馨感，您看是不是？

　　总体来说，由于硬装是简欧风格，所以在软装搭配上，欧式古典风格、简欧风格，乃至现代简约风格，您都可选择，所以说，后续的家具搭配空间非常大，完全可以根据您的喜好来选择。

案例四：极简 ▶▶▶

软装建议：

　　您感觉效果图不饱满，太单调、小气、空旷了，您有这样的想法我非常能够理解，其实，这个效果我是按照极简风格搭配的，应该是我对您的想法没有理解到位。

　　您的这个问题其实通过两个方面就可以解决了，首先，墙面增加一些艺术画，比如沙发背景就可以根据您的喜好而选择艺术画框，而沙发右侧的墙上则可以再选择同类型的作为呼应，这样下来，墙面的颜色就有了进退和层次，整个空间就不那么单调了。

图21

　　第二就是更换家具，比如效果图里的茶几、电视柜、单人沙发的腿部都比较纤细，属于精致型的，则可以换成稍微宽大一些的，就可以增加空间的饱满度了，您想象一下，这样搭配下来是不是就不一样了。

　　所以，这个空间的家具选择空间非常大，如果您还有顾虑的话，您买家具的时候，我帮您在色调上把把关就没问题了。

◆ 答疑解惑 ◆

宋老师

装房子，买材料，顾客会有两个顾虑，第一是你的东西好不好，包括材料、方案、售后……第二是软装搭配好不好，比如，效果图里的家具好买吗？我想搭配其他款式的家具行不行？我去年刚买的一套沙发能不能够放进去……所以，设计师不但要解决第一个问题，还要主动帮助顾客打消第二个顾虑，然后离签单才能更进一步。

我们一般是让顾客看效果图，不行就修改，直至顾客满意，这样岂不是更直接吗？

设计师

宋老师

调整修改效果图直至顾客满意是没错。但是，我发现很多人只是被动地修改，设计师要能够主动引导顾客去接受你的软装搭配，这样才能赢得主动。

效果图里的软装讲解，大家可以分两步进行：

第一步，先讲解效果图里的软装搭配，包括效果怎么样，搭配理念是什么等，以争取顾客的接受。

怎样讲解效果图里的软装，才能让顾客更容易接受呢？

设计师

宋老师

效果图里的软装讲解，首先要从整体上进行，毕竟软装只是整个空间的一部分。比如整个空间是温馨优雅的，那么软装家具就是要配合这一特点，也就是让顾客在接受整个空间的前提下去接受局部。

那如果顾客不喜欢效果图里的搭配，怎么办？

设计师

宋老师

　　你的这个问题就是软装讲解的第二步，即软装建议，也就是给顾客提供后续搭配的注意事项。但建议的目的不是给他一个具体的答案，而是打消他的顾虑即可。比如告诉顾客："软装家具的选择空间非常大，不必过分担心。"还可以告诉顾客，可以帮助顾客在色彩、造型上把关，以此给顾客吃个"定心丸"。

设计师

那第二步软装建议到底是哪些建议呢?

宋老师

软装建议包括四个方面：
一是风格选择的建议。
二是色彩搭配的建议。
三是造型组合的建议。
四是材质选择的建议。

设计师

　　宋老师，这四个方面可不简单，这个涵盖了风格的所有知识。而且，还有更加专业的色彩知识。

宋老师

　　是的，不过这也是设计师应有的基本功哦。
　　选择什么风格的软装，大家应该都有一定的主见。至于色彩，则包括背景色、主题色、点缀色、过渡色等专业知识，需要大家积累沉淀。造型建议相对来说简单一些，一是取决于风格，二是只要和硬装呼应基本就没错。而至于材质的选择，既取决于风格，又取决于空间光线的组合，以及顾客想要实现的效果，等等。

◆ 在线互动 ◆

（针对本节内容，如有疑问，可通过"宋健个人微信"留言咨询，将在 48 小时以内得到答复）。

_____

_____

_____

_____

_____

_____

◆ 要点精炼 ◆

即便你按照顾客的要求把软装都设计好了，顾客也很难按照图片上购买，所以，对于硬装设计师来说，软装讲解只是给一个方向，打消顾客的顾虑而已。

第八节　风格讲解：人群导向是关键

谈单困惑：

　　和顾客聊风格的时候，总是聊不了几句话，或者聊不到顾客的"频道"上，比如，顾客喜欢新中式，该怎样谈才能把话题展开并深入？怎样讲才能引起顾客的共鸣？怎样聊才能让顾客感觉设计师是一位有见识的"文化人"？

◆ 实战解析 ◆

　　■　和顾客聊不了几句话，或者聊得很多但产生不了共鸣，主要原因如下：

　　原因一：设计师只是个画图员，自己不敢和顾客展开话题，担心和顾客展开话题后无法应对，所以话题很难深入。

　　原因二：阅历浅，不善于观察，判断不出来顾客对什么话题感兴趣，找不到顾客感兴趣的话题，话也讲不到"点子上"，自然很难让顾客产生共鸣。

　　原因三：对风格的认知，只是停留在"是什么风格"上，对于"为什么是这样的风格"的地理、历史、风土人情等方面知之甚少，其实这些才是深入话题来展示自己的机会。

　　原因四：为了讲风格而讲风格，忽略了"人群导向"的消费引导，因为只有把人群特点讲出来了，才能让顾客对号入座，才能实现目标的锁定。

　　■　八大主流风格都有其独特的历史与人文特色，而喜好的人群也有不一样的特点，需要设计师了解并掌握其中的"谈资"。

◆ 答疑解惑 ◆

宋老师

　　和顾客聊风格，不是为了"卖风格"，讲某种风格有多么好，而是为了通过风格的话题，让设计师和顾客之间产生更多的认可与共鸣，进而获取更多话语权！

　　所以，顾客对你讲解的风格不感兴趣，是因为你的目标错位了。

设计师

那具体怎样讲解风格才能让顾客感兴趣呢？

宋老师

很多顾客是不懂风格的，所以选择哪一种风格，顾客往往是凭感觉的，不会因为你讲了多少好处他就改变喜好。所以第一次接触顾客的时候，通过询问和案例效果图的测试，便可以确定顾客心仪哪一种风格了。

接下来，顾客关心的不是这种风格有什么特点，而是设计出来的效果能不能让他满意，能不能表达出他的某种情怀，等等。

设计师

是的，当我们用风格知识去讲解设计方案的时候，顾客的兴趣会更强一些。

宋老师

当顾客明确风格之后，要从两个方面讲风格，一是讲解设计方案的时候，穿插讲解这种风格的各种特点和优势，尽量集中在外在的、能够看得到的东西，比如色调、元素、造型等。

二是通过顾客所选择的风格寻找话题，借此挖掘顾客的需求、激发顾客的内在情绪。一方面可以体现设计师的专业水平，另一方面让双方产生更多的价值认同。如此一来，设计师就能赢得更多的话语权，有利于后续的签单。

设计师

那具体该怎样聊呢？又该聊哪些内容呢？

宋老师

聊什么？聊趋势、聊人文、聊历史、聊风土人情！

总之，就是聊每种风格背后的无形的东西。

比如新中式，不能只是简单地讲这个是吉祥云，那个是瓷鼓凳，还有这个是回纹……这些都是表面的、能够看得到的东西，要聊中式风格为什么流行，反映的是一种什么情结，选择中式风格的人有什么共同特点，等等，这样一来，顾客认为你对中式风格的理解很深刻，信赖你的专业水平，那么，顾客就会觉得你设计的东西一定没错。

> **设计师**
>
> 中式风格的确有很多东西可聊，人群特征也比较鲜明，不过，像现代简约、简欧等风格该怎样聊呢？

宋老师

那就多讲两句吧。

比如现代简约风格目前比较流行，这是因为之前人们崇尚欧式风格，可是欧式风格烦琐、沉闷、浮躁，加上当下的人们节奏快，看惯了、看腻了欧式风格的烦琐与浮躁之后，开始追求简单、舒适的家居生活，这是人们审美观的改变，更是人们生活态度的转变。

最后，还得做人群归类，告诉顾客选择现代简约风格的人往往有什么共性的特征，让顾客自己去对号入座，去发现自己真正的需求，去发现自己内心深处的某种情怀，等等。

试想，如果顾客听到你的这番观点，他一定会觉得你是一个有思想、有见解、眼光独到的人。

设计师不只是卖图片，而是看人心，卖人心！

大部分顾客是业余的，判断能力不足；那么多装修公司的设计师，相信谁呢？很明显，顾客会相信更懂他的人。

怎样才能让顾客觉得你懂他呢？你要有立场、有观点，比如通过聊风格，体现你的学识，表达你的见解，以此建立更多的价值认同与思想共鸣，于是，你便达到了"卖人心"的境界。

◆ 在线互动 ◆

（针对本节内容，如有疑问，可通过"宋健个人微信"留言咨询，将在 48 小时以内得到答复）。

_____

_____

_____

_____

_____

◆ 要点精炼 ◆

设计师应该是"杂家"，因为顾客能否信服你，往往不是看你的作品，而是看你有没有见识、思想和态度，这就是"功夫在诗外"的道理。

第二章

空间造梦——不一样的谈单模式

第一节　平面布局满意了，为什么还不交订金

谈单困惑：

　　设计师把布局讲得很详细，户型怎样优化，平面怎样布局，甚至柜子该做几层都为顾客想好了，可一提订金，顾客就说"再考虑考虑"，而且，从此电话不接，人也不来，消失了。

✦ 实战案例 ✦

原始结构平面图

建筑面积：141.28 m²

案例背景：

　　背景：已量房，顾客来看方案。

　　户型：四房两厅两卫生间，面积 141m²。

　　成员：45 岁左右一对夫妻、两位老人、一个男孩。

　　要求：

　　1. 实用性，储藏功能大。

　　2. 主卧空间小，要增加储藏功能。

　　3. 需要一个书房。

　　4. 喜欢大气、有意境的新中式风格。

✦ 实战解析 ✦

　■　户型优化都讲完了，顾客还是不交订金，原因如下：

　　原因一：顾客对他的户型的研究可能比你还要多，空间怎样布局，怎么优化，他的想法可能比你还要全，所以，你的平面方案在他眼里可能"不算什么"。

　　原因二：你能做优化，别的设计师也能做，可能比你做得更好。所以，大家都在做的事情你很难胜出。

　　原因三：顾客是带着美好的"憧憬"来的，结果你没有让他感受到他家未来的样子，所以便认为"设计原来就是这么拆墙放东西，这么简单的事情还要收这么多钱，不值得！"

　　原因四：设计师没有向顾客呈现与众不同的专业性，既然设计都差不多，那就再看看谁的材料好，谁的报价低。

■　根据上述原因，下面我给出两套讲解话术的分析，请大家参考对比：

讲解话术一是绝大多数设计师都在用的方法，即讲平面布局、讲材料、讲公司、讲施工，等等。

讲解话术二则以造梦为主线，先讲平面布局，然后重点讲空间、讲设计，给顾客造梦，让他能够感受到他家将来的样子，能够感受到你讲的东西和别人不一样，于是，更加期待你的设计，交订金也就顺其自然了。

✦ 实战讲解 ✦

原始结构平面图
建筑面积：141.28m²

平面方案布置图
建筑面积：141.28m²

讲解话术一

设计师：您看，这是您家的原始户型图，说实话，您家的户型结构非常棒，而且得房率非常高。根据上次量房时您提的几个要求，我对您的房型进行了一定的优化布局，您看这是优化之后的平面布局图。

顾　客：嗯，我看看。

设计师：您看，首先进门右手边是柜子，下面鞋柜，上面是储物柜。再看左侧是客厅以及休闲阳台，往里走是餐厅，餐厅靠墙凸出来的空间正好可以做一个窗户高度的餐边柜。客卫我建议首先干湿分离，这是户型第一个优化的地方。再往里走是三个卧室，您看布局以及储物柜，其中调整的地方是书房和主卧，您先看书房的门往里面移动了一点儿，这样就可以避免进门后直接对着门了。另外，主卧的卫生间往里边移动了一点儿，这样既可以扩大活动空间，又多了一个储物柜，您看就是这里……

顾　客：哦，明白。

设计师：您看这样布局怎么样？还有没有什么需要修改的地方？

顾　客：嗯，挺好的，差不多就这样子吧。那这样做下来要多少钱啊？

设计师：差不多 25 万元吧。

顾　客：啊？这么高啊！

设计师：我给您报的可是实打实的价格呀，您看，地板我们给您用的是大品牌 ××，瓷砖用的是 ××× 的，还有柜子的板材我们用的都是 E0 级……

顾　客：这我懂的，不过其他家用的材料也都差不多。

设计师：其实，除了材料还有公司实力、施工保障等，比如，我们公司可是我们当地最大的装修公司，已经 15 年了，您了解一下我们的口碑就知道了……

顾　客：这个你不用多说了，我知道的。

设计师：如果您感觉还可以的话，您今天先交 5000 元订金，我就抓紧给您做报价和效果图。

顾　客：这个先不急，我和家人再商量商量吧。

设计师：您是不是觉得方案还有什么问题呀？

顾　客：方案还可以，挺好的，不过，还是等两天我和家人商量商量再说吧。

讲解话术二

设计师：您看这样布局怎么样？还有没有什么需要修改的地方？

顾　客：嗯，差不多就这样吧！这样做下来要多少钱啊？

设计师：呵呵，方案我还没讲完呢，等方案定下来了我一定会给您报价的。

　　　　其实，上面给您讲的平面布局只是室内设计的基础而已，可以这样说，户型优化、平面布局谁都能做，甚至您自己比我们还专业，因为您对自己的房子最了解，您对自己的需求最了解，您只要找个画图员，就能按照您的要求画出来。所以，您选择家装公司做设计，选的不是怎样做布局，而是怎样做设计，您说是不是？

顾　客：那你们是怎样做设计的？

设计师：比如，就您家的客厅来说，之前您说过您喜欢大气有意境的新中式风格，再加上量房的时候您又提了一些具体的想法，我打算这样构思客厅。首先，总体上我会把客厅营造成简洁、大气、优雅的感觉，另外再通过中式元素的导入，重点突出登高望远、天高云淡的意境与情怀，您想象一下，这种感觉是不是非常有格局？

顾　客：嘿嘿，我想象不出来具体是什么样子。

设计师：首先色调上，我会用米白色作为底色，配以胡桃木色的线条或者花格作为点缀。您想象一下，地面是淡黄色的瓷砖，墙面用米黄色的布艺做底，再配以胡桃木色的中式线条加以点缀，可以说是色调柔和、质感饱满、有层次。再来看顶部，我可能会用简洁的两级顶，白色做底，配以和墙面呼应的线条，四周配以氛围灯，中间是温馨优雅的中式布罩等。您想象一下，灯光一打开，是不是有一种江南白墙灰瓦的感觉？接下来再看两个背景，电视背景我会构图成天高云淡的感觉，沙发背景则以黄色的墙布做底，加以简单的中式线条进行勾勒即可，然后再挂一幅您喜欢的中式画作。您想象一下，两个背景可谓是一静一动，有意境、有灵魂，您琢磨一下是不是这种感觉？

顾　客：嗯，差不多就是这种感觉，那餐厅你准备怎么做呢？

设计师：餐厅作为独立的空间，既要考虑到独立性，又要和客厅呼应，不过这个我还没有详细思考，您再给我几天时间构思一下。

顾　客：好的，大概需要几天呢？

设计师：大概三天吧！您看这样吧，如果您对前面我们聊的东西感觉还可以，那咱们就走一下流程，交一下设计的订金，我也好专门抽出时间给您进行更加深入具体的设计。

顾　客：不过，照你这样设计下来总体需要多少钱呀？

设计师：呵呵，说实话，方案咱们都还没定下来，具体的预算我真的很难报啊。如果您非得要报价，我也只能给您一个范围报价，大概在 25 万～ 30 万元吧，具体的还要看最终方案怎么定。

顾　客：明白。要不过两天再来看方案的时候，我再交订金可以吗？

设计师：呵呵，没关系。正好这两天我再整理一下构思，过两天谈餐厅空间设计的时候您再交订金也可以。

◆ 答疑解惑 ◆

宋老师　　很多设计师问我，怎样讲解方案才能与众不同，才能吸引住顾客，让顾客顺其自然地交订金？

我的答案是：别人是讲布局、谈优化、讲材料、谈施工。而我则会运用空间造梦和设计伏笔的交互推进，把顾客引导到订单的方向上来。

设计师　　宋老师，我们给顾客优化户型、平面布局，难道这不是造梦吗？

宋老师　　我认为不是，因为平面布局顾客都能想象得到，哪面墙该拆，哪个空间该放什么，怎么放，该放多大的，顾客只要接触两家装修公司都能心中有数，所以，他不需要去想象，甚至会认为自己都能做。

那么，哪些是顾客觉得自己做不了的，想象不到的，而且又是其他公司的设计师很少讲到的呢？

宋老师：我的答案是：空间的、立体的，也就是在顾客的大脑里描述一幅"美好的效果图"。

设计师：那公司实力、材料、施工等内容，难道不是重点吗？

宋老师：你要明白几点：你公司的材料好，别家公司的材料就是差的吗？你家公司工人专业，别家公司的工人就业余？你家公司质量是第一位，别家公司就差吗？所以，质量、材料、工艺这些同质化的，甚至眼前无法证明的东西，你讲那么多有用吗？

所以，造梦不是讲布局，而是讲设计，在顾客的大脑里画一张效果图，以此推动顾客的设计需求，同时也能和别的设计师形成差异，以赢得更多信任。

设计师：明白了，就是差异化讲解方案。那又该怎样给顾客造梦呢？

宋老师：首先，先对户型图进行简单的布局讲解，只要顾客能明白即可，毕竟平面布局讲完了也就没有什么可讲的了。

第二步，选择一个可发挥的空间，给顾客画图，讲色调、造型、材料、灯光、施工、软装、造价等，让顾客有一个感性的空间概念。

设计师：我对材料和灯光不是特别专业，该怎样讲？

宋老师：这个问题很多人都会遇到，怎么办？

在一个空间里什么都可以讲，而且是可以随机的，但是要挑自己擅长的讲解，不擅长的要弱化，甚至不讲。当然，如果遇到顾客的兴趣点恰恰是自己不专业的地方，那就从这个点引导到自己擅长的点上来。

设计师

一次可以造梦几个空间?

宋老师

请注意:一次只造梦一个空间,因为此处的造梦不是为了解决问题的,而是为了激发顾客的好奇心,当顾客问"下一个空间又该怎样设计?"的时候,就是推动交订金的最佳时机,即便顾客拒绝了,也会因为下一个空间而期待你的设计,才不至于邀约不到成死单。

设计师

老师,我给顾客的卧室造梦,顾客好像没兴趣,我也感觉可讲的东西不多,怎么办?

宋老师

最好选择公共空间,比如客厅、餐厅、门厅、过道等,这些区域可造梦的地方比较多,但是卧室、卫生间等私密空间就很难了,因为这些空间基本上是功能区域,可造梦的地方非常少,做不出多少花样。相反,公共空间则大有可为,因为它们是"面子",空间要么交叉,要么断线,都是造梦发挥的地方。

而且,造梦这几个空间足够顾客来三趟了,如果一个顾客来了三趟都没交订金,那就说明你造的梦不足以吸引顾客下订单,你的梦点诱惑力不够,你的讲解没有打动顾客,这些内容,是我接下来要讲的内容。

◆ **在线互动** ◆

(针对本节内容,如有疑问,可通过"宋健个人微信"留言咨询,将在 48 小时以内得到答复)。

_____

_____

_____

◆ **要点精炼** ◆

先出效果图，还是先交订金，往往让谈单陷入僵局，怎样破局？空间造梦，先在顾客的大脑里画一张"效果图"。

第二节 梦点设置一：抓住第一视角

谈单困惑：

进门的空间往往是造梦的好地方，比如门厅、玄关、餐厅等，但是，顾客往往会顾及造价，要么放弃，要么降低设计。那么，怎样才能说服顾客接受你的梦点呢？

◆ 实战案例 ◆

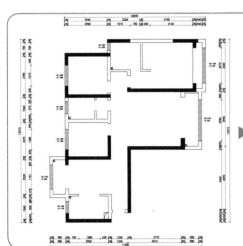

案例背景：

1. 首次见面谈，顾客带户型图。

2. 户型：三房两厅两卫。

3. 成员：夫妻俩，一男孩，两老人。

4. 风格：顾客喜欢现代简约的风格。

5. 布局：平面布局草图基本认同。

6. 设计师对餐厅空间进行造梦，以推动首谈订单。

◆ 实战解析 ◆

■ 出现这样的问题，原因有二：

原因一：设计师只从美观的角度造梦，没有从"面子"的角度去抓住顾客的心，比如第一视角的重要性等。

原因二：即便从"面子"的角度做了讲解，但往往是在顾客质疑之后的被动解释。应该先从第一视角做铺垫，先获得顾客的认同，顾客再接受起来就比较容易了。

■ 具体怎样运用，下面是对两套话术的具体分析，请参考：

讲解话术一：餐厅过道的梦是造好了，但没能抓住顾客的心，没能让顾客坚持把背景做下去。结果顾客的焦点停留在了预算上而"考虑、商量",更想不起来追问其他空间的设计,推动签单也就显得勉强了。

　　讲解话术二:造梦之前,先从进门的第一视角的重要性上引导观念、引导消费,一旦获得了顾客的认可,就不是做不做的问题了,而是怎么做的问题,下一步怎样具体设计的问题,此时,便是顺势推动订单的问题。

◆ 实战讲解 ◆

讲解话术一

设计师:您感觉这样布局下来怎么样,还有没有什么问题?

顾　客:嗯,差不多也就这样。

设计师:其实,一个房子的布局只是满足功能性的要求,而且有时候您自己都能做布局,因为这些都是生活的基本常识,所以您找我们绝不只是为了做布局,而是要做设计的。比如怎样才能更美观,怎样才能表达出您想要的品位与档次等,您说是不是?

顾　客:那你们是怎样做设计的?

设计师:比如您家的餐厅,我准备这样构思:首先,由于您家二楼采光不是特别好,所以,地面我会用烟灰白的大理石瓷砖,这种白色既有亮度,又有质感,而且会从餐厅直接通铺到客厅,这样能够更好地放大餐厅的空间感。然后,墙面肯定是白色的,重点是餐厅的背景,我要设计成下面是餐边柜,上面是寓意美好的背景图案,至于什么图案我们可以后续再来定。同时,为了呼应餐厅背景,也为了扩大餐厅的空间感,我会在进门右边的墙上设计几个非规则的画框,您可以根据自己的喜好选择几幅画作挂在上面。最后,顶部我建议直接悬挂一个暖色的吊灯即可,既有氛围,又有亮度。您想象一下,这样下来,餐厅是不是温馨、大气、有氛围?

顾　客:嗯,感觉是不错哦!不过,餐厅背景要多少钱啊?

设计师:应该在 8000 元左右。

顾　客:啊?要这么多啊!再加上电视背景,超出预算太多了,餐厅背景还是不要了吧,白墙就行了!

设计师:那也行,到时候您在墙上挂一幅画也是可以的。

顾　客:不过,这样的话,两面墙都是画,好不好看呀?

设计师:应该还可以的,要不餐厅还是做背景吧,这样才能保证效果。

顾　客:这样吧,我回去和家人商量一下。

设计师:要不您今天先交一点设计订金,我们给您量房开始做设计?

顾　客:还是等下次,我先考虑考虑吧。

讲解话术二

设计师：您感觉这样布局下来怎么样，还有没有什么问题？

顾　客：嗯，差不多也就这样。

设计师：其实，一个房子的布局只是满足功能性的要求，而且有时候您自己都能做布局，因为这些都是生活的基本常识，所以您找我们绝不只是为了做布局，而是要做设计的。比如怎样才能更美观，怎样才能表达出您想要的品位与档次等，您说是不是？

顾　客：那你们是怎样做设计的？

设计师：首先，一个房子美不美观，有没有品位，最主要的是看第一视角，也就是进门的第一印象，这就好比人与人见面一样，第一印象非常重要。

顾　客：那房子的第一视角是什么呢？

设计师：大哥您来看，假如您家来了客人，进门换掉鞋后的第一眼看到的是哪里？

顾　客：是餐厅。

设计师：餐厅的哪个部位？

顾　客：是迎面的这面墙。

设计师：对，这面墙就是餐厅的背景墙，是进门的第一视角，它决定着进门的第一印象，关乎着您每天进门的心情，也影响着客人对您的品位的评价。总之它是"面子"，更是"里子"。

顾　客：那餐厅的背景墙你准备怎样设计呢？

设计师：虽然我们只是首次见面，但我已经有了基本构思：首先，由于您家二楼采光不是特别好，所以地面我会用烟灰白的大理石瓷砖，这种白色既有亮度，又有质感，而且会从餐厅直接通铺到客厅，这样能够更好地放大餐厅的空间感，然后墙面肯定是白色的。重点是餐厅的背景，我会设计成下面是餐边柜，上面是寓意美好的背景图案，至于什么图案我们可以后续再来定。同时，为了呼应餐厅背景，也为了扩大餐厅的空间感，我会在进门右边的墙上设计几个非规则的画框，您可以根据自己的喜好选择几幅画作挂在上面。最后，顶部我建议直接悬挂一个暖色的吊灯即可，既有氛围，又有亮度。您想象一下，这样下来，餐厅是不是温馨、大气、有氛围？

顾　客：嗯，感觉是不错哦。不过，这个背景要多少钱啊？

设计师：应该在 8000 元左右。

顾　客：啊？这么多啊！加上客厅背景要超出预算了。

设计师：您有这样的想法我非常能够理解，不过，首先您觉得餐厅背景到底要不要做，如果要的话，我会把餐厅背景和电视背景综合考虑起来设计，以降低整体造价。

顾　客：那餐厅背景最低多少钱能做呢？

设计师：这要看用什么材料，如果您决定要做的话，我在设计的时候，在保证效果的前提下，一定尽可能降低成本。

顾　客：那还请你多多帮我们节省一些预算。不过，刚才你讲了餐厅的设计，那客厅你准备怎样做呢？

设计师：大哥，今天我们第一次见面，目前我能想象到的也只是餐厅了，至于客厅您得容我思考几天，您看这样吧，如果您觉得前面我讲的您还认可的话，那咱就走一下流程，交一下设计订金，我好专门开始为您做设计。

顾　客：可以的，要交多少啊？

✦ 答疑解惑 ✦

宋老师

有人借钱装房子，有人有钱也不花在装修上，为什么？

最主要的原因就是他认为值不值。

怎样让他认为值得花更多的钱？

先俘虏他的心，引导他的消费观念，比如案例中，先从第一视角的重要性上让他觉得餐厅背景是必不可少的。

设计师

什么是第一视角？怎样讲解第一视角的重要性？

宋老师

第一视角，即为进门的第一眼看到的是什么，它决定了进门的心情，也决定了客厅的品位与档次，所以需要设计。

第一视角要作为谈单造梦的切入点，可发挥空间比较多，大多数顾客都会感兴趣，只要讲出你的道理，他们都能接受。这些空间包括：门厅、玄关、客厅、餐厅等公共空间。

设计师

第一视角讲了很多，顾客还是不接受建议，怎么办呢？

宋老师

哈哈，凡事都是有概率的，都不可能绝对。

此时，你可以告诉顾客，如果 8000 元的造价顾客接受不了，你也会尽力通过其他材料的设计来保证空间的效果，比如，原来计划用大理石瓷砖，但是你也可以考虑用壁纸、用硅藻泥，等等，如果顾客追问具体怎么做，你要尽力帮助顾客解决这个问题！总之，不能让这个问题成为死结。

设计师

如果顾客追问"还是想象不到餐厅的样子"，怎么办？

宋老师　　可以给顾客看一两个类似的案例实景图，但要澄清这不是他家的，他家的做法和案例中不一样，还需要具体设计，这样的做法是为了降低顾客顾虑的，并不是为了解决问题的。只要顾客没有立即质疑，就说明他认可了你的想法和构思，你就可以推动订金了。

设计师　　我给顾客造梦的时候，顾客跟不上节奏怎么办？

宋老师　　这个问题应该非常普遍！

　　造梦就是在顾客的大脑里画一张效果图，但是，顾客是业余的，他们的反应速度跟不上设计师讲解的速度。所以，大家一定要把握好造梦的节奏，不能让顾客的大脑"卡壳"或者"死机"！

设计师　　那怎样把握好造梦的节奏呢？

宋老师　　第一，要一个空间一个空间地讲，一个部位一个部位地讲。

　　第二，讲完一个部位，要观察顾客的反应，或者询问顾客"您想象一下是不是这种感觉""您琢磨一下是不是这种味道"，主动引导顾客去思考、去想象。

　　第三，一边造梦，一边使用具有指向性的手势或者语言。比如，"您看地面，我打算这样做……""咱们再来看沙发背景，为了和沙发背景呼应，我打算这样做……"，等等。

◆ 在线互动 ◆

（针对本节内容，如有疑问，可通过"宋健个人微信"留言咨询，将在 48 小时以内得到答复）。

_____

_____

_____

_____

_____

_____

◆ 要点精炼 ◆

如果把大脑比作为一台计算机，那么设计师的大脑是"8核"，顾客的却是"586"，所以，要在顾客的大脑里画好"效果图"，必须有步骤、有方法地"生成"，否则，顾客的大脑就会"卡壳""死机"。

第三节　梦点设置二：需求延展点线面

谈单困惑：

　　顾客提出喜欢什么样的背景，希望吊顶做成什么样子的等，设计师也都答应按照他的要求来做。可是，一提到订单的时候，顾客往往说要看看效果图再说。于是双方陷入了订金与效果图的僵局，怎么办？

✦ 实战案例 ✦

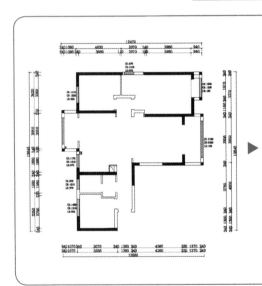

案例背景：

　　1. 首次面谈，顾客随身携带有户型图。

　　2. 顾客属于改善型置换，一对夫妻、一个 9 岁女孩，需要书房，户型图如左图所示。

　　3. 喜欢新中式，希望空间通透明亮一些，但认为所看中的案例中的灰色系太压抑了。

　　4. 三个卧室用木地板，其他区域用瓷砖，顶部可以做一些简单的吊顶。

　　5. 顾客看中了一个中式圆形禅意背景，想用作通道玄关的背景，其他的让设计师看着设计。

✦ 实战解析 ✦

　　■　要求什么都答应了，顾客还是不交订金，原因如下：

　　原因一：顾客要什么，你就答应什么，并没有让顾客感受到你的专业性，凭什么交钱给你？

　　原因二：要求你是都答应了，但是会设计成什么样子，顾客心里没底，所以交钱更没底。

■　针对以上分析，请大家对比两套讲解话术：

"讲解话术一"就是"原因一"的典型代表，于是，双方陷入先交订金还是先看方案的僵局。

"讲解话术二"则是从顾客提出的某个需求点，展开点、线、面的空间造梦，构思一幅效果图，让顾客大致知道设计出来会是什么样子。有了这个铺垫，交订金也就容易一些了。

◆ 实战讲解 ◆

讲解话术一

顾　客：这个圆形背景挺好的，能不能作为我家的玄关背景呀？

设计师：您的眼光很独特，这个圆形背景赋有禅意，给人以平和的意境，是典型的中式图案！那您能讲一下您想要的中式是什么感觉吗？

顾　客：我想要通透一些的，明亮一些的，但我不喜欢这个案例中的灰色感觉，还有，要简单一些，不能太压抑了！

设计师：好的，新中式多少都会做一些吊顶，您要不要做吊顶？

顾　客：这要看你怎样设计了，不过不能太复杂，毕竟预算有限。

设计师：那地面您喜欢什么颜色的？想用瓷砖还是木地板？

顾　客：卧室用木地板，其他的地方用瓷砖。颜色还是亮一点吧，但白色的我也不喜欢，太不耐脏了。

设计师：明白，其他的您还有什么要求？

顾　客：哦，地面不能太单调，时间长了不耐看。

设计师：好的，这些我都知道了！这两天我们会上门给您量房，然后给您出具体的设计方案！您看今天咱们沟通得也挺好的，要不您今天先交一下设计订金吧，这样我好专门安排时间给您设计。

顾　客：这么早就要交订金啊！多少钱啊？

设计师：设计订金是 3000 元。

顾　客：现在装修报价还不知道多少呢，有点太早了，还是等量完房，下次看看方案再来定吧。

设计师：……

讲解话术二

顾　客：这个圆形背景挺好的，能不能作为我家的玄关背景呀？

设计师：您的眼光很独特，这个圆形背景赋有禅意，给人以平和的意境，是典型的中式图案！那你能讲一下你想要的中式是什么感觉吗？

顾　客：我想要通透一些的，明亮一些的，但我不喜欢这个案例中的灰色感觉，还有，要简单一些，不能太压抑了。

设计师：好的，新中式多少都会做一些吊顶，您要不要做吊顶？

顾　客：这要看你怎样设计了，不过不能太复杂，毕竟预算有限。

设计师：那地面您喜欢什么颜色的？想用瓷砖还是木地板？

顾　客：卧室用木地板，其他的地方用瓷砖，颜色还是亮一点吧，但白色的我也不喜欢，太不耐脏了。

设计师：明白，其他的您还有什么要求？

顾　客：哦，地面不能太单调，时间长了不耐看。

设计师：好的，您的总体想法我明白了，平面布局刚才我们也沟通好了，接下来的重点就是空间设计了。毕竟这是您升级置换的房子，您找我们肯定不只是做一个简单的平面布局，而是想把家里设计得更漂亮，更能够体现出您的品位，您说是不是？

　　　　比如，刚才您一眼看中的这个赋有禅意的圆形玄关背景，它影响着您每天进门的第一心情，也关系着客人对您家的第一印象。所以，我要围绕这个背景展开"点、线、面"空间设计，要把整体的感觉烘托出来，这才是我们设计师要做的工作。

顾　客：那这个地方你准备怎样设计呢？

设计师：虽然咱们今天是第一次见面，不过通过刚才的沟通，玄关这个小小的空间，我有了大致的构思：首先，镂空的圆形图案后面我会配以淡淡的背景灯，墙面用米白色的墙布做底，这种材质色调柔和、质感饱满，既能降低背景白色的生硬感，又提升了空间的优雅感。而地面我建议用偏亮一些的淡黄色瓷砖，我会在地面和顶部做成天地呼应的中式造型，或者回纹造型，或者祥云造型等。这样既是对背景的呼应，又能形成经典的"方圆"之美。最后，顶部再悬挂一个同样具有禅意的布罩灯，您想想，当您每天下班一进门，迎面而来的就是这种优雅的、致远的感觉，是不是一下子心情就放松了许多？

顾　客：嘿嘿，就是这种感觉。

设计师：哈哈，看来我们想到一起去了！不过，您看，玄关只是进门的第一视角，这种感觉还要进行客厅和餐厅的延展和呼应，这就是我前面所说的"点、线、面"的整体空间设计。

顾　客：那客餐厅你准备怎样设计呢？

设计师：说实话，今天咱们只是第一次见面，我也只能根据您喜欢的这个背景进行局部构思，至于更大空间的设计构思，还请您再给我几天时间想一想。

顾　客：好的，那就麻烦您多用些心思哦。

设计师：您客气了，都是应该的！您看这样吧，通过前面的沟通，如果您觉得我前面的构思还可以，那咱就走一下设计流程，交一下设计订金，这样我也好专门为您构思做设计。

顾　客：嗯……也可以。不过您可一定要为我们多用心哦！

✦ 答疑解惑 ✦

宋老师

　　有些设计师有一个毛病：顾客要什么，他就答应下来，然后按照顾客的要求往一起堆砌，结果超出预算，谈单失控，这往往是比较初级的设计师。

　　有经验的设计师，不会被动地跟着顾客走，而是根据顾客的某个"点"进行"点、线、面"的设计发挥，让顾客跟着自己走。

　　讲解话术二就是以顾客喜欢的玄关背景为起点，进行空间发挥的。

设计师

　　是的，我们经常用讲解话术一的方法来谈单，缺少了空间造梦对顾客的引导。

宋老师

　　还是我一直强调的观点：顾客想先看效果图，此时你又给不出效果图，怎么办？用你的构思给他描述一幅效果图，让他心里有个底，才能有可能把设计订金交给你。

　　讲解话术一只是把顾客的需求记下来，然后就推动订单，是没考虑顾客心理预期的。

设计师

　　讲到某个部位的具体设计时，顾客表示不喜欢，怎么办？

宋老师

　　请记住，你是在画草图，不是最终设计。所以，讲解的时候要给自己留有余地，比如可以这样讲："我可能用回纹作为造型，也可能用祥云来回应背景，这要看设计时候的最终效果来定。"这样既给自己留有余地，又给顾客描述了一幅有想象空间的效果图。

设计师

　　最后，顾客还是不交订金，怎么办？

宋老师

只要顾客对你造的梦感兴趣，他就会期待你接下来造的梦，就会再来找你，就不会消失，此时不能强求，否则顾客下次就不敢再来了，一般情况下，三次下来，顾客不交订金都不好意思了。

怎样判断顾客对我造的梦感不感兴趣呢？ **设计师**

宋老师

你的这个问题非常深入。顾客对你造的梦感兴趣才是最关键的。

怎样判断呢？一是顾客有没有对你造的梦进行具体的追问，比如材料、颜色、造型、造价等。

二是当一个空间的梦造完之后，顾客有没有追问你下一个空间怎样设计，如果追问下一个空间，就说明你是成功的，如果没有追问，就要警惕了。

有时候，顾客没有讲述他的需求，就让设计师先设计看看怎么样，这样的顾客怎么办？ **设计师**

宋老师

顾客连需求都不想告诉你，说明缺少诚意，要知道在他不告诉你需求的情况下就出方案，往往是错位的，所以，要"置之死地而后生"。

要反问顾客："大哥，您这可让我为难了，我来做设计，可又不告诉我您的需求，这就好比，我们去医院看病，医生问病人有什么症状，病人说'你先看看再说吧'。您说是不是这个道理啊？所以，出于负责来说，我只有先了解到您的需求，才能给您出方案。您说是不是这个道理？"

如果顾客还是不想和你聊需求，那丢了也没什么可惜的，因为这个顾客可能原本就不属于你。你要把精力花在更重要的顾客身上。

◆ 在线互动 ◆

（针对本节内容，如有疑问，可通过"宋健个人微信"留言咨询，将在 48 小时以内得到答复）。

_____

_____

_____

_____

_____

_____

◆ 要点精炼 ◆

要敢于说"不"字，要以签单为目标，把造价控制在顾客能够接受的范围之内。否则，要什么做什么，不但会让谈单失控，还会让顾客觉得他是"设计师"，你是"助理"。

第四节　梦点设置三：挖掘潜在需求

谈单困惑：
　　很多刚需型小房子，顾客非常注重实用性，可是，按照顾客的要求设计之后，还是签不了单，总感觉顾客兴致不高，怎么办？

◆ 实战案例 ◆

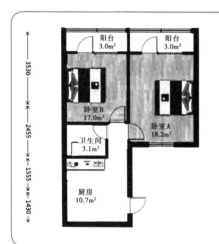

案例背景：
　　1. 刚买的 60m² 二手房，原布局如左图所示。
　　2. 做婚房用，预算有限，简装即可。
　　3. 婚后会要孩子，老人帮忙带孩子。
　　4. 强调实用，多储藏功能。

◆ 实战解析 ◆

　　■　刚需型顾客好签单，也难签单，原因如下：

　　原因一：好签，是因为刚需型顾客考虑到空间大小对设计"不敢奢望"，谁能满足他的这一"奢望"，谁就能从众多的设计师当中脱颖而出，获得顾客认可。

　　原因二：不好签，是因为很多设计师习惯性地以为他们重实用、轻设计，以至于忽略了挖掘顾客潜在的设计需求，这是思维的固化。

　　原因三：其实刚需型顾客也向往"美好的家"，但设计师只是对布局、功能、材料等方面进行讲解，容易让顾客失落。

■　根据以上分析，请大家对比下面的两套讲解话术：

讲解话术一：只是满足顾客提出的显性需求，就连顾客都说"和我们之前想的差不多"，既然这样，设计师又怎能吸引顾客？最后只能聚焦价格，看谁的报价低。

讲解话术二：通过挖掘、刺激顾客的潜在需求，满足顾客内心的深层次需求，再通过造梦的手段给顾客构图，以此推动顾客交订金进行下一步设计。

◆ 实战讲解 ◆

讲解话术一

设计师：你们这个小区可是双学区啊，上海房价这么高，估计得 600 万元吧？

顾　客：是的，就是看学校好才买的，买完房子结婚的钱都没了。所以，简单装修一下就行了。

设计师：理解理解！恭喜你们！这张图估计是原来房东的布局吧，那您想具体怎样装呢？

顾　客：首先我们下半年结婚，婚后准备要小孩，所以才看中学校的。不过，房子太小了，一定要实用，要多一些收藏功能！还有，进门的空间太小了，放不了沙发电视，就做一个餐厅吧，另外，洗衣机我想放在次卧阳台上，两个卧室和阳台都多做些柜子吧。

设计师：明白了！那咱们来看看具体怎样布局吧！首先，进门左手边可以做鞋柜……您看这样的功能布局怎么样，您还有没有其他的想法？

顾　客：嗯，差不多就这样了，和我们之前想的差不多！那这样装修下来全包价要多少钱啊？

设计师：这要等到方案定下来之后，才能给您报价。

顾　客：您就说大概要多少钱吧。

设计师：由于柜子做得比较多，大概要 15 万元。

顾　客：啊？这么多啊！

设计师：说实话，麻雀虽小五脏俱全，装房子也是这个道理。虽然房子不大，但各项功能都是少不了的。当然了，这也是我粗略估算，要不您今天先交 5000 元的设计订金，等方案定下来之后我再给您一个具体的报价，而且，我会尽可能把价格压低的。

顾　客：这个嘛！要不我们再商量一下吧。

设计师：……

讲解话术二

设计师：你们这个小区可是双学区啊，上海房价这么高，估计得600多万元吧？

顾　客：是的，就是看学校好才买的，买完房子结婚的钱都没了。所以，简单装修一下就行了。

设计师：理解理解！恭喜你们！这张图估计是原来房东的布局吧，那您想具体怎样装呢？

顾　客：首先我们下半年结婚，婚后准备要小孩，所以才看中学校的。不过，房子太小了，一定要实用，要多一些收藏功能！还有，进门的空间太小了，放不了沙发电视，就做一个餐厅吧，另外，洗衣机我想放在次卧阳台上，两个卧室和阳台都多做些柜子。

设计师：明白了！那咱们来看看具体怎样布局吧！首先，进门左手边可以做鞋柜……您看这样的功能布局怎么样，您还有没有其他的想法？

顾　客：嗯，差不多就这样了，和我们之前想的差不多！那这样装修下来全包价要多少钱啊？

设计师：呵呵，方案我还没讲完呢！刚才我讲的只是基础的平面布局而已，接下来的空间设计才是重点啊！不然，如果只是功能布局这么简单，您完全可以自己布局，然后随便找个装修队就可以装修了，您说是不是？

顾　客：那你准备怎么样给我们设计啊？

设计师：首先，您除了考虑实用功能之外，还要考虑婚房的这一特点，毕竟新婚可是浪漫温馨的，充满期待的啊，是以后值得纪念的，您说是不是？

顾　客：你说的是啊。不过我们的房子太小了呀。

设计师：其实，小房子也是有很多设计空间的。比如，进门的餐厅区域虽然做不出大气的感觉，但也可以营造成或者浪漫的、或者格调的、或者简单而充满品质的感觉，比如，一进门迎面而来的这面墙，我可以做一个有现代格调的餐厅背景，而与之呼应的是进门右手边这面墙，我可以设计一个专区，比如可以展示简单的现代艺术画作，或者定做一幅你们夫妻二人的马赛克新婚照，您想想，原本一面白墙，一下子就有了永恒的纪念意义！而且，新婚当天，家里的客人看了是多么的惊喜与浪漫啊！

顾　客：哎呀，以前还真没想过这个，听你这么一说还挺不错的！餐厅这样设计要增加多少钱啊？

设计师：这个要看用什么材料，差不多在1万~2万元之间。您想想，您的房子可是10万元一平方米啊，这么贵的房子如果装得太随意了，岂不是太冤枉了！

顾　客：呵呵！不过，厨房和餐厅离得这么近，设计起来容易吗？

设计师：您说得对，这就是接下来我要具体设计的问题了。要不这样吧，如果您感觉我刚才讲得还可以，您今天就交一下设计订金，然后我开始专门为您做具体的设计。

顾　客：交多少呢？卧室也要好好设计哦！

设计师：我肯定会尽我所能好好设计的，您放心吧！

◆ 答疑解惑 ◆

宋老师

　　每个人的内心深处都有一个梦，这个梦可能是多年以前的情结，也可能是某个愿望，或者是某个憧憬，只不过由于各种条件的限制，很多时候是潜在的、压制的，有时候连顾客自己都不知道自己的这个需求，如果设计师能够帮他挖掘出来，就能够表现出与众不同，就能够走进顾客的内心。

设计师

　　可是，很多刚需型小房子真的不在乎设计的，他们只在乎实用性和经济性。

宋老师

　　这是思维上的自我设限。
　　刚需型顾客的确更加注重实用功能，但是，一旦你能挖掘出顾客的某种潜在需求，即便他不采纳你的建议，至少也能感受到你与一般设计师的不一样，进而增加对你的信任，这也是顾客签单的一个考量。

设计师

　　那怎样挖掘顾客的潜在需求呢?

宋老师

　　这个话题很大。
　　这需要更多的阅历和观察力。简单来说，刚需型顾客可以挖掘他们自我克制的、不敢想的东西，比如美观的、愿望的，等等;而中高端顾客则要更多地挖掘享受层面的、精神层面的需求，比如顾客想要一个放松的家，那你就给他一个休闲空间，顾客想要中式的，那你就给他提升到境界与格局的高度来表达，等等。

设计师

　　那在功能方面可不可以挖掘潜在需求呢?

宋老师

当然可以啦!

比如,顾客想在原本就不大的客厅加一个吧台,怎么办?其实,顾客的潜在需求是想通过吧台来体现自己对生活品位的追求。于是,你可以告诉顾客生活吧台的实用性不强,但能体现生活品位,能够提高客厅的档次感,但由于空间受限,你可以通过餐边柜等方式实现这一目的,这就是功能方面潜在需求的发掘与解决。

设计师

第一次和顾客面谈,只讲户型图顾客有时候跟不上节奏,怎么办?

宋老师

要带着顾客走,最好的方法就是一边手画草图,一边造梦。

请注意,是手画草图,不是手绘,铅笔或者圆珠笔都可以,也不要怕乱,只要当时能让顾客听明白就行。

这样可以保证顾客的速度跟得上,顾客也有代入感,而且,不要怕乱,这样即便顾客拿走也没问题。因为第二天,他就会因为你的"乱画"而看不清了。

设计师

我的语言表达能力弱,造梦很直白,没有感染力,吸引不了顾客,怎么办?

宋老师

哈哈,这个问题是设计师普遍性的问题,方案做得很好,但不善于表达,更不懂得卖人心。

方法一,提高你的声音,这是最简单的,每个人都能做得到的方法;方法二,培养语速和语调,多听一听语言类的节目,比听如评书就可以潜移默化地培养语感;方法三,背诵 10 个空间效果图的讲解话术,讲给自己听,讲给同事听,然后给顾客造梦的时候你就可以"照葫芦画瓢"了。

◆ 在线互动 ◆

（针对本节内容，如有疑问，可通过"宋健个人微信"留言咨询，将在48小时以内得到答复）。

_____

_____

_____

_____

_____

◆ 要点精炼 ◆

顾客的设计需求是即兴的、错乱的，甚至是矛盾的，设计师需要归纳、整理和分析，然后判断真伪和主次，才能抓住顾客的心。否则，随便跟着顾客起舞，很可能乱了自己的阵脚。

第五节 梦点设置四：空间诉求须在前

谈单困惑：

为中高端顾客造梦的时候，地、墙、顶、软装、色调、造型等该讲的都讲了，可顾客好像没感觉，更没有共鸣，这样的顾客该如何为他造梦呢？

◆ 实战案例 ◆

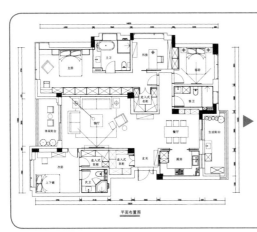

平面布置图

案例背景：

左图是重庆的一个设计师向我咨询的案例，顾客是企业高管，喜欢现代轻奢风格。平面布局已满意，沟通后很难引起顾客的兴趣，谈了两次都没交设计订金。

下面"讲解话术一"是这位设计师对客厅造梦的语音整理，在我的建议下他采取了"讲解话术二"的造梦方式，并实现了签单，供大家对比参考。

◆ 实战解析 ◆

■ 每个部位的"梦"都讲了，顾客还是没感觉，原因如下：

原因一：只讲"实"的，没讲"虚"的，缺少对空间诉求的讲解，顾客感觉不到空间的灵魂，领会不到你的设计理念，自然缺少共鸣。

原因二：没有先用诉求铺垫引导。任何空间设计，应该先有中心思想，先确定诉求是什么，然后才有具体的设计。可是，一上来就造"实"的梦，这是不符合认知逻辑的，自然事倍功半。

■　下面是对本节两套话术的分析，请大家对比参考：

讲解话术一：造梦很具体，但只讲到了外在的"形"，没有讲到顾客内在的"情"，所以，就很难抓住顾客的心，离签单就差了一步。

讲解话术二：造梦之前先做铺垫，一步一步地把顾客的焦点往情感诉求上引导，以此赢得顾客的共鸣，然后再进行具体的空间造梦，顾客就更容易理解和接受了。

◆ 实战讲解 ◆

讲解话术一

设计师：平面布局您已经满意了，接下来我们再来看看更重要的空间设计吧。

顾　客：那该怎样设计呢？

设计师：比如您家的客厅，我准备这样设计，首先地面我应该会用亮面的高级灰瓷砖铺贴，然后再配以简洁的黑白围边，这样下来，地面的层次感就出来了。

然后是墙面，我建议可以用烟灰白的色调，这种色调看起来比白色柔和，而且质感饱满，和地面呼应下来更能凸显品质感。

接下来的电视背景，我建议用富有动感纹理的大型岩板，再配以玫瑰金线条作为边框，边框的两边再背内嵌两盏富有科技感的暖色氛围灯，而沙发背景则以静为主，运用和电视背景呼应的玫瑰金边框即可，然后您可以挂一幅自己喜欢的画作，可以是山水画，也可以是现代抽象画等。

最后就是顶部了，顶部我建议做成内嵌式的两级顶，白色做底，边框配以和电视背景边框一样的线条，这样整个空间在造型上就可以呼应起来了。

当然，最重要的是灯光，比如，四周用筒灯或者射灯来提高氛围，靠墙灯槽则用暖色的氛围灯，中间悬挂一个圆形的主题吊灯，因为圆形能够降低空间线条棱角的生硬感，也就是中国人所说的"方圆美"。

最后，您再放一个宽大厚实的轻奢风格的沙发，不过，茶几、电视柜等建议也要轻奢风格的，也就是线条明朗的，带有金色的，这样就能够做到软装硬装的一体化了。这就是我的整体构思，你看看还有没有什么问题？

顾　客：这样装下来，不知是什么感觉呀？

设计师：就是您要的轻奢的感觉啊。简单、精致、奢而不华的感觉。

顾　客：刚才你说墙面用的是烟灰白，是什么样子？还有电视背景又是什么样子呢？

设计师：您看，这就是烟灰白的色调，至于电视背景的样子，要等到咱们定下来，我给您出了效果图就清楚了。您看咱们也聊了两次了，您今天先交一下设计订金，然后我好专门给您做设计，出效果图。

顾　客：这样吧，我回去把你今天的想法跟家人说一下，然后我们再来定。

设计师：……

讲解话术二

顾　客：今天是不是又有新的设计想法了？

设计师：哈哈，一听就知道您还在纠结设计的问题！虽然您喜欢轻奢风，但具体要装成什么感觉的，估计您自己都还没想明白吧。

顾　客：是的，我的第一套房子装得就有点太随便了，所以，这次一定要弄得像个样子！

设计师：您说得非常对，第一套房子一般装得都比较随意的！刚才听您这么一说，我感觉您是在琢磨新房的设计到底该怎样定位的问题。

顾　客：定位？什么意思？

设计师：其实这就像穿衣服一样，有人想表达牛仔的狂野，有人想穿出西装的精干，而有人则想穿出文质彬彬的气质。装房子也是这个道理，比如，就轻奢风来说，有人喜欢商务感的，有人喜欢文化感的，而有人则喜欢艺术范的等，这就是设计定位的问题。

顾　客：那你觉得我家的设计该怎样定位？

设计师：说实话，今天也是我们第三次见面了，您之前也讲过很多想法，这几天我也进行了更加深入的思考和构思，比如您家的客厅，我又有了新想法，首先我要把客厅营造出大气、亮堂、干练而精致的感觉，然后再带一点奢华的点缀，要避免传统豪华的浮躁与张扬。而这种感觉我主要是为了表达简单而又高品质的生活态度，同时又表达了积极、坚定、不随意妥协的精神，这就是客厅的精髓所在，也是我的总体设计理念所在。

　　当然了，您肯定会问为什么要给您如此构思！原因有三：一是之前给您看案例效果图的时候，您表达过这些想法。二是您自己也一直在强调要有档次、有品位，但又不能太浮躁。三是几次接触下来，我觉得您本人有思想，而且性格干练、刚毅，所以，我就大胆做了推测和构思。

　　您仔细琢磨一下，您一直捉摸不定的感觉，是不是就是这种感觉？

　　而且，您自己没有表达出来的情结，是不是就是这种情结？

顾　客：嘿嘿，听你这么一说，还真是的哦。

设计师：说实话，您的房子这么大，并不像一般顾客只在乎的实不实用、美不美观，您更在乎的是内心情感的表达，而这种情感，很多时候连您自己都说不上来，您说是不是？

顾　客：嗯，有时候是这样的！那我的客厅具体该怎样设计呢？

设计师：首先地面（展开造梦）……

顾　客：嗯，差不多就是这种感觉！那餐厅又该怎样做呢？

设计师：餐厅肯定要和客厅进行整体构思的，不过具体怎样设计，您得再给我几天时间，容我再想一想！您看这样吧，咱们也谈了三次了，我也一直很重视您这个案子，我也毫不保留地把我的想法和构思给您讲了，如果您觉得我前面的想法和构思还可以的话，您今天就走一下流程，把设计的事情定下来，这样我也好展开具体的设计。

顾　客：行吧，那就定下来吧！不过你可一定要给我多用用心哦！

✦ 答疑解惑 ✦

宋老师

顾客装房子，有三个层面的需求，第一个层面是实用功能，第二个层面是外在美观，第三个层面是内在情感的表达。

本节案例中的顾客就属于注重情感表达的类型，但具体想要表达什么样的情感，很多时候顾客自己是模糊的，说不出来的，此时谁能帮他说出来、搞明白，谁就是他的"知己"，谁就能和他产生共鸣，谁就能赢得签单。

设计师

宋老师，一般什么样的顾客比较注重情感的诉求呢？具体该怎样判断呢？

宋老师

中高端顾客一般比较注重情感的表达，因为，顾客层次越高，对物质的、外在的东西要求就越低，相反更加注重精神层面的表现，比如，态度的、思想的、境界的、格局的，等等。

设计师

是不是房子越大，顾客的层次就越高，就越注重精神层面的诉求？

宋老师

这个不一定。

注重精神诉求的顾客房子一般不会太小，但大房子的顾客也不一定就能达到精神层面的表述，具体顾客注重精神层面的诉求还是物质层面的表达要通过与顾客的沟通才能更好地判断出。

设计师

宋老师，此类顾客，有没有更加明确的判断方法？

宋老师 首先判断一个顾客是不是注重精神层面的诉求，需要大家的阅历和观察力，这个功力不是一时半时就能做到的；不过，也有一些个人经验可循的：

第一，房子是不是当地高端的楼盘社区。

第二，工作所需文化的层次，职位级别高不高。

第三，年龄较大的人开始追求心灵、精神层面的表现。

第四，言谈举止、着装品位等。

那又怎样把顾客往精神层面上引导呢？ **设计师**

宋老师 是的，不能一上来就和顾客聊精神层面的，要先做好铺垫，否则就很突兀，我的建议如下：

首先，反问顾客"您想要什么样子的，是不是自己都不清楚"，以引导他的深层次思考。

第二步，告诉他，他纠结的根源其实是空间定位的问题，就像穿衣服一样，是想穿出富有的感觉，还是穿出文艺青年的感觉，还是放荡不羁的古惑仔味道等。

第三步，要赞美式地引导"您不像一般刚需型顾客，只注重实用和美观，您的需求层次比较高，您更注重情感的表达，也就是空间诉求的问题。"

如果顾客继续追问你的话题，就说明他上道了。

宋老师，您造梦的话术怎么这么多"大概、可能、也许、比如"？这样让顾客感觉不好吧。 **设计师**

宋老师 你发现的这个问题很重要。

给顾客造梦的时候，就要用模棱两可的话，为什么？

第一，你是在构图，是在让顾客"听景"，不是"看景"，要知道，风景越模糊越美，一旦清晰了，感觉也就没了，更没有憧憬了。

第二，要给自己留有余地，才不至于陷入被动。

宋老师　第三，正是因为不确定，才需要针对性地具体设计，才是推动顾客交订金的机会。

◆ 在线互动 ◆

（针对本节内容，如有疑问，可通过"宋健个人微信"留言咨询，将在 48 小时以内得到答复）。

_____

_____

_____

_____

_____

_____

◆ 要点精炼 ◆

怎样造梦，顾客才会觉得设计师有水平、有理念？先用"空间诉求"给顾客"戴帽子"，而不是一上来就讲具体的设计。

第六节 造梦节奏：别被顾客带偏了

谈单困惑：

给顾客造梦的时候，总是被顾客的问题打断，不但影响了造梦的效果，甚至还会被顾客带偏，怎样避免这种被动呢？

◆ 实战案例 ◆

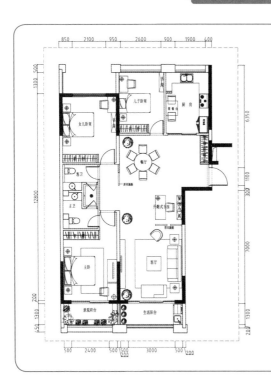

案例背景：

量完房，夫妻俩来看方案，男主人是中学物理老师，女主人是公司会计，可以说，一个懂材料，一个精打细算。

平面布局顾客基本满意，但比较重视进门餐厅的空间效果，于是设计师对餐厅展开了空间造梦。

◆ 实战解析 ◆

■ 造梦节奏被顾客"带偏"了，主要原因如下：

原因一：设计师习惯性被动回答，不懂得通过反问来改变话题的方向，于是，顾客的问题越多，自己就越被动。

原因二：设计师没有"方向感"，不懂得销售的流程与套路，不知道该把顾客往哪个方向引，结果只能被动地跟着顾客的问题走。

原因三：错误的语言方式给自己找麻烦，比如造梦完成之后都要通过信息确认的方式和顾客互动，比可以这样问："您琢磨一下这种感觉""您想象一下它的效果"，而不是说："您看还有没有什么问题？"

■　根据以上分析，下面是对本节两套话术的对比，请大家参考：

讲解话术一：被顾客的问题打断，被顾客带偏了，带到了材料上、价格上，总之，带到了顾客的话题上去了，最终，造梦被打断，造梦失败。

讲解话术二：主动把控顾客的问题，把顾客的问题引导到自己的思路上来，那就是"先把梦造完"，而且，当顾客被吊起胃口之后，主动提出订金，推动订单。

◆ 实战讲解 ◆

讲解话术一

设计师：平面布局您已经没问题了，接下来就是具体怎样设计的问题。

顾　客：那你怎样给我们设计呢？

设计师：比如进门的餐厅，我计划这样来构思，首先，迎面的这面墙，我要做一个餐厅背景，因为，它关乎着您每天进门的心情和客人的第一印象，可以说既是"面子"，又是"里子"啊！由于您喜欢新中式风格，所以，我可能会用一些寓意美好的中式元素来设计……

男顾客：那背景用什么材料做呢？

设计师：可以用瓷砖，也可以用软包，还可以用高分子材料等。

顾　客：高分子的？具体是什么成分的？

设计师：呵呵，这个我也不太清楚。

女顾客：那这种材料做下来大概要多少钱？和软包比较下来哪个便宜一些？

设计师：估计软包便宜一些。

女顾客：那还是用软包的吧。

男顾客：软包不行，时间长了容易变色老化，而且软包的材料不健康，有甲醛。

设计师：不会的，我们用的材料都是符合国家标准的，不会出现您说的这个问题。

男顾客：这个你不用说服我，软包的材料我非常清楚，它们里面含有很多对人体有害的物质，比如……

设计师：要不就用大型岩板吧。

男顾客：岩板？是什么材料？

设计师：新型的瓷砖，但是比传统瓷砖更好，您看看，这个客厅背景用的就是大型岩板……

讲解话术二

设计师：平面布局您已经没问题了，接下来就是具体怎样设计的问题。

顾　客：那你怎样给我们设计呢？

设计师：比如进门的餐厅，我计划这样来构思，首先，迎面的这面墙，我要做一个餐厅背景，因为，它关乎着您每天进门的心情和客人的第一印象，可以说既是"面子"，又是"里子"啊！由于您喜欢新中式风格，所以，我可能会用一些寓意美好的中式元素来设计……

男顾客：那背景用什么材料做呢？

设计师：可以用瓷砖，也可以用软包，还可以用高分子材料等，到底要选择什么材料，最后会根据设计的需要来定，下面让我们继续看餐厅空间的设计构思……

男顾客：你们的高分子具体是什么材料的？

设计师：呵呵，材料的事情您先别太着急，我先把餐厅这个进门最重要的空间设计讲一下我的构思，如果您觉得可以了，我们再来专门讨论材料，您看可以吧？

男顾客：好的，你继续。

设计师：刚才讲的是餐厅背景我会运用中式元素进行设计，比如，可以用中式回廊感觉的造型，里面内嵌一幅意境深远的山水画，或者是寓意美好的中式花卉图案等，您想象一下，进门迎面而来的这种意境，多么的美好啊！

女顾客：那这样做下来，要多少钱啊？

设计师：呵呵，这个要根据最终选择哪种造型以及什么材料来确定，等一下我会专门给您讲解，咱们先把餐厅空间讲完。

好的，这就是餐厅背景的构思。下面我们来看地面，地面的瓷砖可能会选择淡黄色的尺寸为 800mm×800mm 的，也可能是 600mm×1200mm 的，从进门直铺到客厅，这样下来既温馨舒适，又简洁大气，但是为了突出餐厅位置的独立性，我会在地面做一个简单的围边，这样下来地面既有层次，又能增添精致感，最后，我建议顶部做一下简单的二级吊顶，这样可以遮掩水管等隐蔽工程，又能从视觉上拉升餐厅的高度感，而顶部四周我会配以中性的氛围灯，中间吊一个餐厅主题灯，比如经典的中式布罩灯，既有氛围，又有文化意境。

您想象一下这种感觉，是不是温馨、优雅、简洁、大气，而且又富有中式文化的味道？

女顾客：嗯，这种感觉还可以，那客厅又该怎样做呢？

设计师：既然您对餐厅的构思认可，那我就开始按照这种思路对客厅和餐厅进行整体性设计，不过，您得容我多思考两天，毕竟我不能随随便便就下手。

顾　客：谢谢你哦！你可一定要多为我们用用心哦！

设计师：呵呵，应该的。既然今天我们聊到了这个程度，就请二位走一下流程，把设计的事情定下来，然后我开始为你们专门进行设计……

✦ 答疑解惑 ✦

宋老师

把控顾客，首先要明白哪些话题是对自己有利的，哪些是不利的，遇到后者，不能被顾客的话题打断、带偏，陷入被动局面，要能够把顾客引导到自己的思路上来，但前提是，设计师作为"老师傅"，要先有自己的思路，否则就会被顾客的"乱拳打死"，讲解话术一就是例证。

设计师

我也想把控顾客，可是，面对顾客的时候，总是信心不足怎么办？

宋老师

这是一个普遍的现象。

首先，要先相信自己造的梦是最好的，然后你才能把你的信心传递给顾客；第二，不把顾客当上帝，而是当学生，就当给学生讲了一堂课，而且，不要担心讲错了，因为绝大多数顾客是业余的，并且，设计本身就没有对与错；第三，见到顾客之前，要先想好这次面谈该用哪个空间造梦，具体该怎样讲，最好自己先演练一遍，才能胸有成竹。

设计师

什么样的讲解方式，才能带着顾客走，让顾客不走神呢？

宋老师

第一，语言要具有代入感，通过语速、语调、用词、表情等，比如"您想象一下……""您琢磨一下……""您对比一下……"等具有指向性的语言来提升代入感；如果语言节奏感不强，可以通过提高音量来增强气场。

第二，关键处不给顾客插话的机会，比如正当你讲到精彩之处的时候，语言要具有连贯性。

第三，不是不让顾客说话，而是当一个空间的梦讲完了，主动把机会留给顾客，但不要问让自己被动的问题，如"您看还有没有什么问题"，而是问"您再仔细琢磨一下这种感觉。"

第四，多问让顾客点头的、回答"是的""对""有道理"的问题，把顾客带入"认同"的频道。

设计师

不过，一旦顾客提出这样那样的问题，被打断了，又该怎么办？

宋老师

被顾客打断之后，一是快速回答顾客的问题，简单的问题简单回答，复杂的问题就说"这个问题比较大，等会儿我专门为您解答"。

二是要快速想办法把话题拉回，不要纠缠太多，避免陷入死胡同，可以用话题关联的引导，比如顾客问材料，可以从材料引导到设计上来，顾客问价格，可以从价格引导到效果对比上来，等等。

设计师

造梦之前，需要先把布局图画好吗？

宋老师

不需要，尤其首次面谈，一张原始户型图就够了，一边画一边讲，同步才有代入感，不过，此处不是手绘，而是手画，只是进行定向即可，即便是平面布局，差不多 3～5 分钟即可。

另外，千万不要用计算机画图，太慢，顾客会走神，而且，鼠标晃来晃去的，会让顾客头晕、烦躁。

设计师

造梦是不是要按照一定的顺序来？

宋老师

不是的，没必要按照一定的顺序来，要根据当时的实际情况随机发现并组织梦点与话术，不过必须围绕着一个空间来，不可以跨空间，那样不聚焦，也不容易把控。

设计师

顾客对我造的梦不太感兴趣，怎么办？

宋老师

可能是你的梦点不是顾客感兴趣的，也可能是你的表达有问题，构图能力不强。

后者不是你短时间能够改变的，所以，此时需要改变梦点，换个空间造梦。如果连续三次下来还不行，就是你的语言表达问题了，那就要按照上面的方法多加练习了。

◆ 在线互动 ◆

（针对本节内容，如有疑问，可通过"宋健个人微信"留言咨询，将在 48 小时以内得到答复）。

_____

_____

_____

_____

_____

_____

◆ 要点精炼 ◆

谈单的时候，设计师需要同时具备两个脑袋，一个是用来回答顾客问题的，另一个则要快速运转"我要做什么"，然后把顾客引导到自己的节奏上来。

第七节 抓住梦点：推动订单

谈单困惑：

梦是造完了，可一提设计订金，顾客就找各种理由来拒绝，比如价格、材料、效果等问题，而且一旦这次交不成订金，下次可能就不来了。

✦ 实战案例 ✦

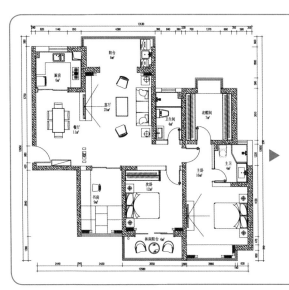

案例背景：

顾客是第二次来了，对左图所示的平面布局方案已无异议。设计师对餐厅进行了空间造梦，可是，顾客因为顾虑效果和造价的问题还没有定下来，真不知道今天再不成交的话，下次他还会不会再来。

✦ 实战解析 ✦

■ 梦造好了，顾客却不愿意交订金，主要原因如下：

原因一：你的梦没造到位，没有打动顾客，不足以让顾客认为你是专业的，值得信赖的。

原因二：没有把握好推动订金的时机，比如顾客问你"那这个地方具体怎么设计呢？"此时正是推动订金的好时机，但你却傻乎乎地回答怎么做，白白浪费机会。

原因三：顾客拒绝是正常的，但是很多人被顾客拒绝后直接放弃，没有当即化解问题再次争取机会。

原因四：面对顾客的问题，大家习惯性只知道解决，话题跑得太远，等到再想签单的时候，顾客已经"凉"了。

■　下面是具体话术的分析，请大家对比学习：

讲解话术一：只知道被动地回答顾客，没有在回答之后快速引导到签单的方向上来，而且祈求式的逼单，让自己没尊严，还有可能让顾客再也不敢来了。最后面对拒绝的时候，没有提醒顾客下一次要解决什么问题，也就没有给顾客留下再回来的理由。

讲解话术二：顾客的问题不可避免，但做到了回答之后快速引导到对自己有利的话题，变被动为主动。当顾客最后拒绝订单的时候，不卑不亢，重要的是强调"下次给您讲解全部设计构思"，这就是利用"造梦"吊起顾客的胃口，争取顾客回头。

◆ 实战讲解 ◆

讲解话术一

设计师：这就是我对客厅的设计构思，您看看还有没有什么问题？

顾　客：你讲得挺多的，不过我还是想象不到具体会是什么样子。

设计师：您看看这是类似的案例实景图，差不多就是这种感觉。

顾　客：总体还可以，就是边框我不喜欢，可不能用这种造型哦。

设计师：好的，我会根据您的想法多出几种方案。

顾　客：按照你这样构思进行设计，装修将来要多少钱？

设计师：超不过 20 万元。

顾　客：啊？这么多！我以为 15 万元足够了呢。

设计师：那我就按照 15 万元给您设计也可以。您看今天就交点订金吧！然后我开始专门给您设计。

顾　客：我再考虑考虑。

设计师：您看，我都给您讲得这么详细了，我们这个月还差两单就完成任务了，您就帮帮忙吧，我一定给您设计到满意为止。

顾　客：这个嘛！我今天一个人来的，下周一我带老婆再来看看，到时候再定。

设计师：唉，那好吧。下周一您可一定要来哦！

顾　客：一定来，你放心好了。

设计师：好的，下周一再见。

讲解话术二

设计师：这就是我对客厅的设计构思，您再琢磨一下整体的感觉。

顾　客：你讲得挺多的，不过我还是想象不到具体的样子呀。

设计师：哈哈，这很正常！这样吧，我给您看一个类似的案例，感觉会具体一些的，不过这是别人家的哦，您家的设计和这个还是有很大区别的哦，您看这个案例……

顾　客：嗯，差不多就是这种感觉，不过这个框我不喜欢。

设计师：明白。这毕竟不是您家的，您放心，我会按照您的要求进行具体设计。您看要不这样吧，今天我们谈得也比较深入，我的设计构思您也认可了，那您今天就走一下设计流程，交一下设计订金，然后我专门为您进行具体设计。

顾　客：按照你的构思，装修下来要多少钱啊？

设计师：哈哈，回答您的这个问题的确有点难度。很多东西都没有定下来，我就给您报价，其实是不负责任的，您说是不是？

顾　客：呵呵，你就报一个差不多的价格吧，我心里有个底。

设计师：您有这种想法我非常能够理解，不过我也只能报一个大概的价格。如果粗略地估算下来应该在 18 万 ~ 22 万元之间。

顾　客：啊？这么高啊，我以为 15 万元就可以了。

设计师：这个您先不用太着急，刚才我只是大概估算，您放心，我在后续设计的时候，在保证效果的前提下，尽可能地降低您的预算。大哥，您请来一下财务室，咱们走一下设计流程。

顾　客：要不这样吧，今天只是我一个人来的，下次我带老婆一起来的时候再定吧。

设计师：呵呵，大哥，估计您还有某些方面不放心，还请您直接说出来，这样我才能更加有针对性地为您做设计。

顾　客：主要是刚才你讲的客厅感觉我还吃不准，我想让我老婆也来听一听，然后才能定。

设计师：好的，明白了。正好这两天我对餐厅的空间设计好好构思一下，下次您和夫人来的时候，我把客厅和餐厅的整体构思全部讲给你们听，到那时再定也不迟。

顾　客：好的，谢谢你！

◆ 答疑解惑 ◆

宋老师

　　第一、二次面谈，主要是让顾客交订金做设计，而能不能吊起顾客的设计胃口，是顾客能否确认订单的关键。

　　怎样吊起顾客的设计胃口？有两个方法，一个是给顾客造梦，另一个是给签单留下伏笔；本章主要讲解怎样通过造梦吊起顾客的胃口。

设计师：宋老师，是不是把空间都讲具体了，造梦才算成功了？

宋老师：你的这个认识，也是很多人的误区。

造梦的目的不是一定要让顾客弄得非常明白清楚，那样顾客也就不需要你了！所以，造梦的原则是：让顾客感觉到什么都听明白了，但又没有听具体，这就留下了一个伏笔，也就是确认设计订单的理由，或者顾客下次再来的理由。

设计师：什么时候可以推动交订金？

宋老师：请注意：梦造完了，就直接推动订单的风险比较大。

如果顾客对你造的梦不感兴趣，就会有突兀感，说明火候还不到。

怎么判断顾客对你造的梦感不感兴趣呢？一是顾客有没有就这个空间的具体事项进行追问，二是顾客有没有主动询问下一个空间该怎样设计。这两个表现，顾客只要出现一个，就说明顾客对你造的梦感兴趣，就是签单的机会。

设计师：怎样推动订单？有没有具体的技巧与话术？

宋老师：第一，造梦讲完之后，不要问"您还有没有什么问题？"这是在引导顾客找你的"茬"，就是在给自己找麻烦，要问类似"您琢磨一下这种感觉是不是……""您再想象一下这个空间"等具有正向引导的问题。

第二，第一步之后不要让顾客停顿太长时间，不给顾客再考虑、再犹豫的机会，才有利于签单。

第三，停顿之后，只要顾客没有质疑，就默认顾客认同了你造的梦，就这样说："您看，今天我们沟通得也比较深入，既然您感觉刚才我讲得还可以，那咱们今天就把设计的事情定下来，走一下流程，然后我抽出专门时间为您进行设计！"

宋老师

请注意，此时要双眼诚恳地看着对方说，顾客才无处可逃。

第四，说完签单的话后，不要转移做其他的事情，要微笑着看着他，最多停顿几秒钟，只要顾客没有提出质疑，就直接喊财务，交订金。

设计师

我一提交订金，顾客就说："还是想象不到设计出来会是什么样子"，怎么办？

宋老师

此时要做两件事情：

第一件事情，拿出类似案例给他看，但要告诉他这是别人家的，他家的会有针对性地进行设计，你只需要通过案例论证你有能力给他设计好即可。

第二件事情，当他看到案例之后，如果没有快速质疑，就再次推动订单，趁热打铁说："大哥，财务在里面，我带您办理一下流程。"

设计师

很多顾客会主动问报价，可是一报价就谈不下去了，怎么办？

宋老师

首先，告诉顾客设计方案没有定下来，就给他报价，其实是不负责任的，毕竟很多内容都没有定下来，一部分顾客是能够理解的，所以就不会再追问。

第二，如果顾客坚持要报价，那就给一个范围报价，要使用"大概多少至多少""基本在多少范围"等。

第三，如果顾客就某些细节谈论价格，可以说："这些都是方案最后的细节，到时候会给您明确的"，然后再次把顾客引向财务交订金。

设计师

不管我怎么努力，顾客最终还是拒绝确认订单，怎么办？

宋老师

这种情况很普遍，但要做到三点：

第一，不要太逼迫，更不要太祈求，一是设计师要有尊严，顾客才会尊重你。二是太强求会把顾客吓跑，下次再也不敢来了，所以，可以以退为进地说："没关系，等下次再来的时候定也可以"。

第二，在造梦之后要给顾客留下"伏笔"，让顾客期待你的解决方案，否则顾客就会觉得"可来可不来"。

第三，要把话说到位才能争取顾客再回来，比如"今天不交没关系，正好这两天我对客厅的设计再构思构思，等下次咱们谈客厅设计的时候再来定也不迟！"其实，就是在强调"别忘记了，您还有问题没解决呢！"以此提醒顾客再来找你。

✦ 在线互动 ✦

（针对本节内容，如有疑问，可通过"宋健个人微信"留言咨询，将在 48 小时以内得到答复）。

_____

_____

_____

_____

_____

_____

✦ 要点精炼 ✦

造梦为了留下伏笔，而伏笔则又留下了一个梦，然后顾客才有期待，这就是"造梦即伏笔，伏笔即造梦"的道理。

第三章

签单伏笔——设计订金的推动器

第一节 建材门店：看中了产品却不交订金

谈单困惑：

瓷砖、衣柜等订制化建材门店，顾客看中了一款产品，案例效果图也认可，可是，一提起交订金做设计，顾客就表示"再考虑！"问题出在什么地方，又该怎么办？

✦ 实战案例 ✦

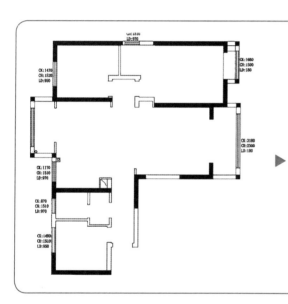

案例背景：

顾客看中了一款瓷砖，而且对案例中的效果也比较认可，于是，门店人员推动顾客交订金做设计，下面是推动订单的两种方式，供大家对比。

✦ 实战解析 ✦

■ 产品、价格、案例效果都谈好了，顾客也认可了，可还是不交订金做设计，主要原因如下：

原因一：既然要做设计，就会考虑设计的专业性，但是顾客感受不到你的设计能力，自然就会顾虑犹豫。

原因二：要做设计，就要吊起顾客对设计的胃口，否则，顾客对你的设计不期待，交订金的动力就不足。

原因三：在已经没有太大问题的产品、价格、品牌上纠缠，绕圈子，话题容易进入死胡同，不利于签单的推动。

■　请大家带着以上三个原因的思考，来对比两套话术的分析：

讲解话术一：纠缠价格，反复解释设计如何专业，如何必要，但还是不能让顾客下决心，原因是没有吊起顾客对设计的胃口。

讲解话术二：降价之后顾客还有顾虑，就从设计的角度寻找设计难点，吊起设计的胃口，然后再推动订单，成功率就会大大提高。

◆ 实战讲解 ◆

讲解话术一

店　员：大哥，您真的很有眼光，您看中的不管是砖和效果图，都非常不错！您看这样吧，今天您先交 1000 元订金，我让设计师给您量房出设计方案。

顾　客：你们这个砖最低价格能多少？

店　员：刚才给您的是 6 折价 240 元 /m²，这个价格真的很实惠。

顾　客：能不能再便宜些啊？

店　员：这样吧，我向领导申请一下看看能不能再低一些……恭喜您，领导答应最低 5 折 200 元 /m²，您看这样总可以了吧？

顾　客：就是不知道我家的效果会怎样啊。

店　员：您放心，我们的设计师很专业的，您看这些都是我们设计师出的方案效果。

顾　客：嗯，是的。要不这样吧，下次我带装修公司的设计来帮我再看看吧。

店　员：大哥，看来您还是担心我们的设计能力哦，您放心，我们的设计师不比装修公司的差，您看我们都能为大观园别墅做设计。

顾　客：呵呵，我还是再考虑考虑吧。

店　员：哎呀，给您的价格都这么便宜了，您还有什么要考虑的呀？再说了，如果到时候您不满意我们给您的设计，我们会把设计费全部退给您，这样总行了吧？

顾　客：嘿嘿，我还是下次来的时候再定吧。

店　员：……

讲解话术二

店　员：这样吧，我向领导申请一下看看能不能再低一些……恭喜您，领导答应最低 5 折 200 元 /m²，不瞒您说，这个价格可是我们店从来没有过的哦！您看，瓷砖您已经看中了，价格又这么实惠，接下来您先交 1000 元订金，我们就开始给您量房做设计。

顾　客：这么急啊，我再想想到底这款砖合不合适吧。

店　员：大哥，您带户型图了吗？我帮您看看设计上有什么注意事项。

顾　客：有的，在微信里。(立即打印出来)

店　员：您家的房型很正，得房率也很高。我们先来看看公共区域的瓷砖铺贴有没有什么特别注意的地方。家庭装修公共区域一般有三大原则：一是尽可能让每个空间感觉最大化；二是如果公共区域是连起来的话，就要考虑整体性的设计；三是在整体性的前提下，还要让每个空间相对独立，比如客厅和餐厅，它们就是既独立又互为整体。

顾　客：还有这么多的讲究。

店　员：呵呵，这些都是跟我们店里的设计师学的！您看铺瓷砖的公共区域，首先有四个空间，进门通道、客厅、餐厅、主次卧之间的公共空间，比如您家的客厅，肯定要这样切割空间，客厅才感觉最大化，不过这样就会和餐厅有交叉，那么，这个交叉点就是需要设计师想办法解决的；另外，您再看进门通道和主次卧之间的这个空间，它们相互是独立的，但感觉上又是通道的两头，那么，这又是一个设计的难点。

顾　客：那你感觉通道的两头该怎样设计更好呢？

店　员：呵呵，我只是店员，设计方面我是业余的，此类设计难点必须是我们专业的设计师才能解决的。你看这样吧，今天咱们就走一下设计流程，您先交 1000 元的设计订金，我让设计师专门给您量房出方案。大哥，这是订单，您的小区名称是……

顾　客：要交 1000 元订金，这么急啊。

店　员：您看，瓷砖您已经满意，价格也这么低了，户型图我也帮您看了，而且还指出了设计的难点，咱们话说到这份上了，接下来就是具体怎样设计的事情了嘛。大哥，您看哪天量房方便？

顾　客：还是先交 500 元吧。

◆ **答疑解惑** ◆

宋老师　　　瓷砖、衣柜门店经常出现这么一幕：顾客看中了某款产品，价格也谈差不多了，可顾客还是犹豫不决，不愿意交订

宋老师 金做设计，然后店员反复讲实惠、讲品质、讲品牌、送礼品等，可顾客仍然不为所动！

为什么？想让顾客交订金做设计，就要先吊起他的设计胃口，怎么吊？用顾客的原始户型图留下设计的"伏笔"！

设计是设计师的事情，店员也要聊设计吗？ **店员**

宋老师 只要是订制化建材产品，都非常必要！

比如瓷砖，以前只卖砖就行了，价格谈好了，顾客也就签单了。但现在不行了，顾客不只对比瓷砖，还对比设计，所以，在瓷砖满意之后，还要刺激顾客的设计需求，吊起顾客对设计的胃口，然后交订金做设计才合情合理。否则，就会出现僵局、卡壳，顾客犹豫不决，这就是"设计需求"环节缺少刺激的结果！

但是店员不懂设计，怎么和顾客谈设计啊！ **店员**

宋老师 这个问题很好！

店员不懂设计是普遍性的，不过，我这里要求店员谈的设计，是不需要多么专业的，大家只需做到"问题的发现者"即可，而且，只要能够发现一两个问题就足够了。

这样做就是在为交订金做铺垫，原因有二：一是刺激顾客对问题解决的求知欲望，也就是设计的需求。二是能够体现出店员的专业性，为更专业的设计师出场做铺垫，因为顾客会想：店员都这么懂行，设计师应该也不会差！

什么是设计伏笔，怎么留？ **店员**

宋老师

设计伏笔，就是帮顾客找到他家设计的难点，也就是找到问题。比如地面，客厅、餐厅往往会有交叉的地方，这个交叉的地方就是设计难点，需要设计师专门解决；比如吊顶，顶部有横梁，顾客又不想花太多钱做吊顶，此处就是设计的难点；再比如柜子，顾客想在电视左侧做柜子，那出于平衡美观右边也要做，但都做了，又会显得拥挤，这个问题就是设计的难点，这就是能够给顾客留下的设计伏笔。

我有个担心，如果顾客追问怎么解决这个问题，怎么办？ **店员**

宋老师

如果顾客追问你，说明你成功了，因为这正是你的目的呀！

此时，说明他的设计胃口被你吊起来了，你要以退为进，把顾客引向设计："非常抱歉，我只是店员，我只能发现问题，解决问题还需要我们专业的设计师来完成！既然咱们都聊到这个份上了，您今天就走一下设计流程，交点订金，我让设计师给您开始专门的设计。"

这就是设计伏笔签单法。

我留下的伏笔顾客不感兴趣，怎么办？ **店员**

宋老师

拿到顾客的户型图，要快速找到两到三个设计难点，如果顾客对你的第一个伏笔不感兴趣，就再换个难点，如果三个难点下来，顾客都不接你的话茬，都不追问怎样解决，这是不符合顾客心理的，如果出现这种情况，说明你的表达能力有问题。

怎样练习这方面的能力？本书后面的章节会有详细的讲解，如果遇到个别案例，也可以在线给我留言咨询。

◆ 在线互动 ◆

（针对本节内容，如有疑问，可通过"宋健个人微信"留言咨询，将在 48 小时以内得到答复）。

_____

_____

_____

_____

_____

_____

◆ 要点精炼 ◆

何谓设计伏笔？就是引导顾客发现设计的难点，让顾客更加期待你的解决方案，进而为接下来的沟通留下伏笔。

第二节 家装公司：量完房却不来看方案

谈单困惑：

第一次和顾客面聊得很好，可是量完房，邀约了很多遍都不来看方案，每次都要求把方案和报价发给他，逼急了，干脆电话也不接了，好像对我们的方案可有可无，为什么？

✦ 实战案例 ✦

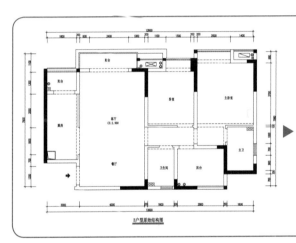

B户型原始结构图

案例背景：

我们是第三家公司量房了，前面两家还没出方案就被放弃了，顾客的理由是他们的设计师不专业，不敢把房子交给他们！

据了解，顾客想要中式轻奢感觉的，预算先不做限制，主要看设计。

✦ 实战解析 ✦

■ 量完房，顾客消失了，说明量房是失败的，原因如下：

原因一：只知道测量尺寸，没有通过量房之外的"题外话"来体现专业，提升信任，甚至顾客都觉得和你是"陌生人"。

原因二：现场没有造梦，或者造梦效果不好，导致顾客对设计师的认可度不高，自然方案看不看也就无所谓了。

原因三：没有留下设计伏笔，没有吊起顾客的胃口，看方案的动力也就不高。

原因四：设计师给自己挖坑，比如说"过两天方案和报价做好了，发您先看看，我们再详聊！"于是顾客就等着你把方案和报价发给他，等看过之后再决定去不去门店。

■ 这四个原因，已经充分体现在下面的两套话术之中，请大家参考：

讲解话术一：只是常规地问问需求，没有通过讲空间、讲设计来展现自己的专业能力，也没有吊起顾客的设计胃口，顾客自然不会期待你的设计，方案看不看也就无所谓了。

讲解话术二：先通过餐厅造梦展现自己的空间构思能力，再通过设计难点的挖掘留下问题，让顾客期待你对问题的解决，胃口吊起来了，你不邀约，顾客都会主动找你看方案。

◆ 实战讲解 ◆

讲解话术一

设计师：大哥，房间尺寸我复盘了两遍，应该没有问题了！下面请您讲一下您对设计有哪些具体要求？

顾　客：我要中式轻奢的，你看我这里有之前出差时候拍的照片，差不多就是这种感觉。

设计师：好的，您把照片也发给我一下，我会参考的。另外功能布局上您还有什么要求呢？

顾　客：我想这样布局……

设计师：好的，设计的时候我会考虑进去。另外，您喜欢什么颜色的？喜欢光线亮一些的还是柔和一些的……

顾　客：我喜欢有沧桑感的，你看我刚才给你的照片就是我想要的感觉，挺好看的……

设计师：您还有没有其他功能要求？

顾　客：功能方面刚才也都和你说了，就这样吧，你感觉我这个房子该怎么设计？

设计师：这个要等到平面布局方案定下来才能做具体的设计。不过您放心，我们的设计一定会让您满意。

顾　客：你看我的客厅和餐厅是直通的，可我又不喜欢这种直通的感觉，你看该怎么办？

设计师：这个简单，客厅和餐厅做两个围边就可以了。

顾　客：哦，明白。

设计师：过两天我会把方案和报价做出来，到时候您来店里先把平面方案确定下来，然后我们再详聊设计怎样做。

顾　客：好吧。

设计师：那就过两天见。

讲解话术二

设计师：……

顾　客：我喜欢有沧桑感的，你看我刚才给你的照片就是我想要的感觉，挺好看的。

设计师：您还有没有其他功能要求？

顾　客：功能方面刚才也都和你说了，就这样吧！你感觉我这个房子该怎么设计？

设计师：一听就知道您非常注重设计。其实，平面布局只是最基本的，而且房间该怎样布局，需要什么功能，有时候您比我们还专业，因为房子是您的，您研究的肯定比我们还要多。所以，专业的设计才是您找我们的原因，您说是不是？

顾　客：是的，那你看我的房子该怎样设计呢？

设计师：其实，我们做设计主要解决两个方面的问题，一是空间的感觉该如何进行整体的构思，二是设计难点该如何解决。比如就您家进门的餐厅空间来说，我大概是这样构思的……（餐厅造梦）您琢磨一下，这种感觉是不是和您想象得很接近？

顾　客：嗯，差不多就是这种感觉，不过客厅又该如何设计呢？

设计师：呵呵，这个您得容我多思考两天，毕竟今天才量完房，您说是不是？

顾　客：嗯，是的。不过刚才你说还有设计难点要解决，那看我这个房子有哪些设计难点？

设计师：呵呵，您真是急性子啊，而且问的问题还这么深！大哥，您站在进门的地方看一下，第一眼、第二眼看到的是什么地方？

顾　客：先是餐厅背景，然后是电视背景。

设计师：您发现得非常对。这就是第一视角和第二视角，它关系着您每天进门时的心情，也关乎着客人进门对您家的印象。所以，这两个背景不但要精心设计，还要考虑彼此怎样呼应，怎样关联起来，这就是两个背景的设计难点！

顾　客：那这个难点该怎样解决呢？

设计师：大哥，这么具体的设计问题，您还真得容我多思考几天哦，如果现在我就告诉您怎么做，那也太不负责任了，您说是不是！这样吧，这两天我好好给您构思构思，过两天您来看方案的时候，我们再详聊，您看这样可以吧？

顾　客：好的，好的，你可要多为我们费费心哦！

设计师：您太客气了，这都是应该的。不过，到时候您可不能让我直接给您发方案哦，毕竟设计构思可不是一个电话或者一个平面图就能讲明白的，您说是不是？

顾　客：是的，下周约好时间，我去你们公司找你。

✦ 答疑解惑 ✦

宋老师

能让你量房，说明第一次沟通是成功的。

量完房不来看方案，说明量房是失败的。

败在哪里？败在了设计师没有展示专业的设计能力，顾客对你不信任，所以，也就不再期待你的设计，方案看不看也就无所谓了。

所以，会不会死单，量完房就知道了。

那我们该怎样展示自己的专业性呢？　**设计师**

宋老师

专业性需要从两个方面展示：

一是仪容仪表专不专业，看起来像不像个设计师，有没有艺术范，看一眼能不能留下某个突出的记忆点，等等。

二是你的讲解能不能展现专业性，最好的方式就是现场进行空间造梦，指出设计难点，前者是能够展示你的空间构思的能力，让顾客感觉你是专业的，后者是发现问题的能力，是留下后文，为下次邀约到店看方案做好铺垫。

通过学习第二章我知道了造梦，设计伏笔该怎么做呢？有没有什么步骤？　**设计师**

宋老师

第一步，询问顾客的平面布局需求和想法。

第二步，一边手画一边给出平面布局的优化建议。

第三步，就公共空间进行切割，原则是最大化，这一点设计师都知道。

第四步，找出设计难点，也就是设计伏笔，告诉顾客要想达到他想要的设计效果，必须要解决这个难点。

如果顾客继续追问"难点"该怎样解决，怎么办？　**设计师**

宋老师

两个解决方式：

一是给出方向性的、模糊的回答，如"大概会这么做……""可能会用这个材料……""也可能用这样的颜色……"。

二是给出类似案例的实景照片，但要强调这不是他家的，你会针对他家的情况具体设计，效果会像案例一样完美的。

设计师

有时候顾客是请多家公司量房的，比如网单，怎样沟通才能胜出？

宋老师

既然是多家量房，就要注意三点：

第一，等别的公司量完了，你再出场，目的是让别人先把老生常谈的问题帮你普及了，让顾客找到"每家都一样"的感觉，尤其网单顾客一定要这样操作。

第二，平面布局、房间尺寸、户型优化等，别的公司已经讲了好几遍了，你就没必要"热剩饭"了，否则，你走别人的老路，会"死"得很快。

第三，要用不一样的方法：先快速量房，讲明白布局，然后给顾客留下问题，告诉他设计师的工作不只是做平面布局，不然顾客自己都能做，设计师的价值是怎样做设计。然后找一个能够发挥的空间，现场造梦，接着再指出其中的设计难点，也就是设计伏笔。讲到兴奋点时，你戛然而止，顾客的胃口一下子就被吊起来了，你也就从众多的设计师当中脱颖而出了。

设计师

量房之后，顾客要求直接发方案和报价，怎样才能避免这样的问题发生？

宋老师

第一，顾客提出这样的要求不要太在意，因为这是很多人的习惯而已，所以，不要给太多解释纠缠太多，否则容易陷入尴尬。

第二，要主动预防问题的发生，比如可以提醒顾客"这两天我好好想想怎样解决这个难点，下周见面的时候，我们再

宋老师 详聊解决办法。不过，到时候您可不能让我直接给您发方案，或者让我电话里说说就行了哦！"

再比如"今天算是现场感受了您的房型结构，过两天您去我们公司的时候，我们一方面沟通设计难点的解决办法，另一方面把整体的设计构思也确定下来，然后我再给您出方案，所以，方案定下来之前，您可不能就催着我要报价哦！"

◆ 在线互动 ◆

（针对本节内容，如有疑问，可通过"宋健个人微信"留言咨询，将在48小时以内得到答复）。

_____

_____

_____

_____

_____

_____

◆ 要点精炼 ◆

15分钟量房，30分钟沟通，沟通什么？装修建议，建材知识，还有解答上一次留下的问题，然后，再造梦，再留伏笔。

第三节　地面伏笔：交叉断开切空间

谈单困惑：
　　地面的哪些地方需要设计，会设计成什么样子，都告诉顾客了，可还是吊不起顾客的胃口，是什么原因？

◆ 实战案例 ◆

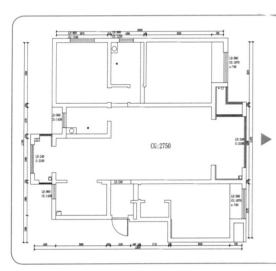

案例背景：
　　家博会上，人员嘈杂，顾客较多。业务员接待了一个顾客，在介绍完套餐、材料、施工、品牌实力等方面之后，便要求顾客先交 1000 元订金，然后量房做设计，可顾客坚持要和设计师先聊一聊，于是设计师展开了下面"讲解话术一"的沟通。

◆ 实战解析 ◆

■　什么都告诉顾客了，顾客还是提不起兴趣，原因如下：

原因一：签单伏笔也叫设计伏笔，也就是留下"后文"，留下问号，这样才能吊起顾客的胃口，但是，你把什么都讲完了，画上了句号，顾客也就没有什么兴趣而言了。

原因二：留下伏笔也不是什么都不讲，而是讲时留有余地，留下的必须是顾客最感兴趣的地方，但是，如果你对顾客的兴趣点没有把握好，那你的伏笔也就没有多少吸引力了。

■　下面的两套话术是对本节问题的再现，具体分析如下：

讲解话术一：只讲地面该在哪些地方做设计，要做什么样的设计，没有留下后文，没有引起顾客更深层次的思考，也就没有吊起顾客的胃口，让顾客交订金的动力也就降低了很多。

讲解话术二：先讲地面该做哪些设计，然后告知"单独的设计都不难，难的是怎样处理这些空间之间的关系，让它们更协调、更整体、更美观"，以此引导思考，留下问题，也就是设计伏笔，让顾客期待问题的解决，即便不交订金，也会再来找你。

◆ 实战讲解 ◆

讲解话术一

设计师：这就是我对您家平面布局的构思，您还有没有什么问题？

顾　客：嗯，差不多就这样。不过，你看我家具体该怎样设计呢？

设计师：这样吧，今天展会人很多，很难展开聊，咱们就拿公共区域的地面来说吧，因为您喜欢新中式的，而中式的地面一般要进行设计的，所以，我认为需要设计的有四个区域，您看，一是进门通道，二是卧室门口的通道，三是客厅，四是餐厅。

顾　客：那该怎样设计呢？

设计师：呵呵，今天人这么多，我就只拿客厅来说吧，首先地面会做一个长方形的二级或者三级围边，造型上可能会用祥云图案，也可能是回纹图案，这要根据后续的整体设计以及您的喜好来确定，这样下来，地面和顶部就能营造出"顶天立地"的对称和谐之美！这样吧，今天人比较多，您今天可以先交点订金，然后我们安排给您量房做方案。

顾　客：你说的地面造型和我之前想的差不多。

设计师：呵呵，您自己的房子肯定会想过这些的。后续我会根据您的想法做设计的。

顾　客：好的，你先忙吧，我再想想。

讲解话术二

设计师：这就是我对您家平面布局的构思，您还有没有什么问题？

顾　客：嗯，差不多就这样。不过，你看设计方面怎么做呢？

设计师：这样吧，今天展会人很多，很难展开聊，咱们就拿公共区域的地面来说吧，因为您喜欢新中式的，而中式的地面一般要进行设计的，所以，我认为需要设计的有四个区域，您看，一是进门通道，二是卧室门口的通道，三是客厅，四是餐厅。

顾　客：那这些地方该怎样设计呢？

设计师：其实，这四个空间的设计本身并不难，一般的设计师都能做出来，而难的则是这几个空间之间怎样做好衔接，怎样既能保证相互之间的独立性，又能保证整个公共空间的整体性，这才是设计的难点。

顾　客：呵呵，是嘛？

设计师：是的，这就好比买衣服一样，单买裤子、上衣、鞋子都不难，难的是怎样搭配在一起才美观、有气质、有品位，您说是不是？比如您家的通道，首先您肯定希望客厅的空间最大化，把边线延伸到卫生间的这面墙，这样才会更大气、亮堂，但问题就出来了，您看通道就断在两头了，从视觉上就不好看，也不协调，给人分离的感觉，这问题就是设计的难点，也是我需要花心思的地方。

另外，客餐厅的地面都有造型，怎样保证这两个造型既不能简单重复，又要进行整体性的呼应，这又是一个难点，你看看是不是这个道理？

所以说，设计本身并不难，难的是怎样进行整体性的设计，怎样解决空间的交叉点。

顾　客：那你觉得客厅通道的问题，该怎样解决呢？

设计师：根据我以往的经验，可以通过顶部的灯光来解决，也可以通过吊顶来连接，当然，还可以通过地面的设计，让人感觉起来两头的通道是连起来的，等等，至于最后怎么做，这要看最后的设计了。

顾　客：嗯，是的。那刚才你说的客厅和餐厅地面要呼应，又该怎么办呢？

设计师：呵呵，今天展会人这么多，而且我也刚看到您的户型图，所以，目前能想到的差不多也就这些。如果您觉得我说得有道理，那您就走一下设计流程，交一点订金，我安排时间给您量房专门给您做设计。

顾　客：今天交订金有点太急了吧，这样吧，你看下周哪天在公司，我去找你聊聊再定吧。

◆ 答疑解惑 ◆

宋老师　　告诉顾客地面有几个空间，每个空间要做什么，这是给顾客留下一个句号或者逗号，而接着再告诉顾客难的不是做什么，而是怎样把它们搭配起来更美观、更协调，才是设计的难点，这便给顾客留下一个问号，留下一个期待，这便是设计伏笔。

设计师朋友，你给顾客留下的是什么符号呢？

设计师

宋老师，造梦已经吊起了顾客的胃口，为什么还要留下设计伏笔？

宋老师

原因有三：

一是展会的时候，环境嘈杂，无法展开造梦讲解，那就直接寻找设计难点，留下再见面的伏笔。

二是顾客对你造的梦兴趣不高，那就用伏笔添"一把火"，换个方法吊起顾客的胃口。

三是造梦体现的是设计师整体构思的能力，设计难点则是发现问题的能力，能够更深刻地体现设计师的专业性。

设计师

宋老师，可不可以这样理解：造梦讲的是空间效果，而设计伏笔则是具体设计？

宋老师

你讲对了一半，造梦讲的是某个独立空间的效果，包括感觉、诉求、色调、造型、灯光、材料、工艺、造价等。

而设计伏笔注重的则是空间之间、部位之间的关系，比如交叉相互干扰的问题，断开而影响整体协调的问题等。

设计师

那么，怎样才能找到地面的设计难点呢？

宋老师

首先进行空间的逐个切割，比如先切入户门厅，再切客厅，还有餐厅等。

切完之后，就会发现它们之间要么交叉了，要么断开了，这些区域就是设计的难点，就是伏笔。

要告诉顾客，交叉的难点在于怎样让各自空间不相互干扰破坏，断开的地方则要考虑怎样让它们连起来，让整个空间具有整体性，以此引导顾客进行深层次的思考，激发他对答案的期待。

设计师

伏笔的设置有没有空间的讲究，比如卧室、卫生间能不能留下伏笔呢？

宋老师

请记住一个原则：造梦、伏笔都要选择最需要设计的地方，而私密的卧室和卫生间需要设计的地方相对比较少，寻找设计难点比较难。所以，为了创造对设计师自己有利的局面，最好选择更容易施展设计的公共空间，比如客厅、餐厅、通道、门厅等。

设计师

怎样切割空间，才能产生交叉点？

宋老师

这个问题非常好，原则就是"空间最大化"，要知道，让每个空间最大化，是很多顾客都想要的。但是，只要最大化，就会出现交叉点。

这个交叉点就是两个空间相互干扰的地方，是影响美观的地方，如果顾客听进去了，或者追问怎样解决，你的伏笔也就成功了。

设计师

地面空间没有交叉点，是不是就没有伏笔可以留了呢？

宋老师

这样的情况的确不少，比如地面是木地板，就没有所谓的空间交叉，那就从立面寻找，这个内容后面会有专门章节讲解。

如果地面是瓷砖，风格又是中式、简欧、美式、轻奢之类的，即便没有交叉，还可以从空间之间的关联性、整体性上寻找设计难点，比如色调、造型等。

设计师

地面伏笔的多少和户型有关系吗？

宋老师　有关系，越是小户型设计难点就越少，因为公共空间少，所以，在接待小户型顾客的时候，争取第一次就把梦造足，然后留下一个设计伏笔，争取第二次见面就能签单，否则，见面越多，可吸引顾客的伏笔就越少，对谈单非常不利。

设计师　如果顾客追问设计难点怎样解决，怎么办？

宋老师　怎么办？
填一半，留一半。
先告诉顾客第一个难点你以前是怎样解决的，但要注意不要把话说死，要说"大概、可能、也许"之类的话，才能留下后文，等到顾客再追问下一个难点怎么办时，你推动签单的机会就出现了。

✦ 在线互动 ✦

（针对本节内容，如有疑问，可通过"宋健个人微信"留言咨询，将在 48 小时以内得到答复）。

_____

_____

_____

_____

_____

✦ 要点精炼 ✦

设计师不能只知道解决问题，还要提出问题，然后以签单为目标，在二者之间来回切换，这就是谈单节奏的把控。

第四节　墙面伏笔：呼应连接和视角

谈单困惑：

现在流行简约风，不管是瓷砖还是木地板，地面都没有造型，没有明显的空间交叉和断开，又该怎样留下伏笔呢？

◆ 实战案例 ◆

案例背景：

已量房，顾客今天来看方案，平面布局基本满意，但设计订金还没交。

顾客喜欢现代简约风格的，不做吊顶，全屋通铺实木地板。

◆ 实战解析 ◆

■　顾客不认可你指出的设计难点，原因如下：

原因一：直接指出设计难点，然后就推动签单，顾客会认为你在给他下套"要解决就交钱"，继而产生抗拒心理。

原因二：很多设计师不愿意多费心思带着顾客一起思考，更不会引导顾客自己去发现设计的难点，即便顾客认可你指出的设计难点，但接受度也不高。

■　下面两套话术是对上述两个原因的具体呈现，请大家参考下面的分析对比：

讲解话术一：做到了把顾客从平面布局引向设计，但是只是告诉顾客哪些地方需要设计，然后就推动订金，这是尚欠火候的。

讲解话术二：不但要告诉顾客哪里要做设计，还要把话题进一步深入，让顾客知道这些设计的难点是什么，这才是设计师的价值。而当顾客继续追问怎么解决这些难点时，先讲个大概，剩下问题的解决，便是顾客的胃口，也是交订金的理由。

◆ 实战讲解 ◆

讲解话术一

设计师：平面布局调整好了，接下来就是设计的问题了。

顾　客：那你准备怎样做设计呢？

设计师：前面您说想做现代简约的，顶部不想做吊顶，地面除了厨房卫生间全部用实木地板，所以，需要设计的地方主要体现在墙面和背景上了，比如进门第一视角的这面墙，就应该做一个玄关背景，然后接下来便是客厅和餐厅背景，这三处背景连起来，您家的品位与档次也就体现出来了！

顾　客：是的，玄关是要做背景，那你准备怎么做呢？

设计师：具体怎么做您得容我再想想，这样吧，如果您感觉我的构思还可以，那今天咱们就定下来，然后我给您开始具体的设计。

顾　客：要交多少钱？

设计师：设计费 5000 元，您今天先交 3000 元订金。

顾　客：就这三个背景就要 3000 元啊？

设计师：呵呵，我给您做的是全案，不只是这三个背景哦。

讲解话术二

设计师：平面布局调整好了，接下来就是设计的问题了！

顾　客：那你准备怎样设计呢？

设计师：其实您家的设计可以说是"既简单又复杂"，为什么这样说？因为您家是现代简约风格，除了厨房卫生间全部是木地板，所以，顶部、地面不需要怎样设计，剩下的墙面因为简约风格也要简单化处理，所以说，需要设计的地方比较少，比较简单，您说是不是？

顾　客：那又怎么复杂的呢？

设计师：为什么又说复杂呢？

　　　　首先，您来看看，进门迎面而来的远处这面墙肯定是要做玄关背景的，不然家里也太简单了，太没有品位了。

然后就是客厅电视背景也是必不可少的，因为它是客厅的灵魂，是集中体现您的品位与身份的地方。

最后就是餐厅背景，您想想，如果餐厅不做背景，进门左右看下来，是不是视觉上不平衡？所以，不管花钱多少，也不管档次高低，这三个背景都是必不可少的。

顾　客：嗯，我差不多也是这样想的。

设计师：其实，设计这三个背景并不难，难的就是怎样把这三块背景连成整体，用什么设计元素把它们呼应起来，您琢磨一下是不是这个问题？

顾　客：是的，这个我倒没想到。

设计师：其实，这就好比买衣服，单买一件很容易，但怎样搭配又美观、又有品位，才是最难的，您说是不是？

顾　客：那你准备怎样把这三个背景连起来呢？

设计师：根据我以往的经验，可以用元素呼应，也可以用色彩呼应，还可以用造型或者材质来实现呼应，具体怎么做，您还真得容我多想几天！您看这样吧，今天我们都把话说到这份上了，您今天就走一下设计流程，然后我开始给你具体设计。

顾　客：怎么走流程？你可要给我们多用用心哦！

✦ 答疑解惑 ✦

宋老师

面对户型图，先从地面寻找设计难点，给顾客的感受是最直接的，也是比较容易理解的。但是现代简约风或者木地板通铺的，地板造型少，寻找设计难点就比较难，那就从立面寻找，也就是墙面和背景。

设计师

立面伏笔，具体是什么意思？

宋老师

立面是相对于地面来说的，也就是墙体、背景、柜体等，从色调和造型的衔接性、整体性上寻找设计的难点，而且相对于地面来说，立面的难点比较多，更容易找到。

设计师

立面的难点，有哪些具体的方法吗？

宋老师

主要从三个方向寻找：

第一个方向，墙体之间视觉上断线的地方如何从色调和造型上连起来，就是设计的难点。

第二个方向，客餐厅、玄关等主题背景之间怎样呼应，怎样处理好主次关系。

第三个方向，进门的第一、二视角怎样设计，怎样呼应。

设计师

顾客一听说要做整体性设计，就担心费用高，怎么办？

宋老师

刚需型顾客的确有这样的顾虑，但是又不得不说，他们的这种需求是因为预算有限而被压抑的。

所以，要采取退一步的讲解方法，比如告诉顾客，买一套房子不容易，除了实用，其实美观也是很重要的，而且，美观并不一定非得花很高的代价，在保证效果的前提下，可以用造型，也可以用颜色来实现，这样基本上就不需要增加多少成本了，只需要前期做好设计而已。然后拿出一个类似的案例效果来改变顾客认知，一旦顾客有兴趣了，这个伏笔也就留好了。

设计师

顾客对我讲的设计难点不感兴趣，怎么办？

宋老师

一上来就指出他的房子这里有问题，那里设计有多难，会让顾客有挫败感，所以，只要时间允许，应该先找一个空间进行造梦，先让他找到美好的感觉，然后再指出设计的难点。

而且，如果顾客对第一个难点不感兴趣，那就讲第二个，几轮下来，顾客总会顺着你的问题追问，于是你的伏笔也就留下了。

设计师

设计伏笔和空间造梦，都需要手绘，但我的手绘功底不行，怎么办？

宋老师

你误解了。

这里不需要手绘，而是手画，画的是草图。

为什么？如果手绘，速度就比较慢，会影响节奏感，所以，此处不提倡手绘。手画的作用一是吸引顾客的注意力，二是让顾客有方向感，知道你的伏笔和造的梦在什么位置即可。

当然了，手画草图也是需要基本功的，大家可以每天临摹一张平面图，坚持一段时间，会有所提高的。

✦ 在线互动 ✦

（针对本节内容，如有疑问，叮通过"宋健个人微信"留言咨询，将在 48 小时以内得到答复）。

_____

_____

_____

_____

_____

_____

✦ 要点精炼 ✦

一上来就指出设计难点，太直接，太露骨，顾客会觉得是"圈套"。伏笔要悄悄地留，要先用造梦做铺垫，要带着顾客一起思考，让顾客自己发现设计的难点，然后你的伏笔才顺其自然。

第五节 柜体伏笔：不看功能看美观

谈单困惑：

只要求"刷墙铺地"的顾客，地面、墙面、顶部没什么设计的地方，最多电视背景简单做一下，这样的顾客怎样为签单留下伏笔？

◆ 实战案例 ◆

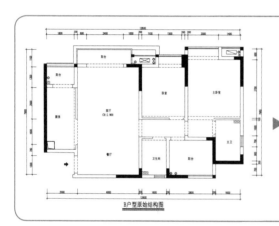

B户型原始结构图

案例背景：

户型图如左图所示，顾客只需要刷墙铺地，不做其他设计，比较注重实用，要求多做收藏的柜子，比如，进门高低储物柜、鞋柜、餐边柜、电视两边储物柜、阳台柜、玩具收藏柜等。

◆ 实战解析 ◆

■ 装修简单就找不到设计伏笔了，主要原因如下：

原因一：很多人一提到功能性的柜子，就考虑柜子内部的结构怎么做，而忘记了外观的整体美观方面的设计，其实，柜子和墙面一样，都属于立面的部分。

原因二：顾客的设计需求是需要引导的，比如，刷墙铺地的刚需型顾客都会考虑费用，这就需要设计师一边引导设计，一边打消费用的顾虑，然后顾客才会接受你的建议。

■ 本节的两套话术非常具有代表性，请大家根据下面的分析进行对比：

讲解话术一：只是简单答应顾客做柜子的要求，而且，订金还没交，就钻进了所有设计师都会老生常谈的具体设计问题，没有新意，最后还被顾客的甲醛等问题给带偏了。

讲解话术二：首先引导消费，既然硬装简单，软装柜体就要讲究一些，否则也就太没有设计感了。然后从柜子的空间整体美感上留下设计的伏笔，而不是重复大多数设计师都会讲到的话题。

✦ **实战讲解** ✦

讲解话术一

设计师：您对柜子有哪些想法和要求呢？

顾　客：你看，进门右手边我想做一个鞋柜，然后餐厅的两面墙最好也做柜子，家里小孩子要地方放东西，还有就是客厅电视两边也要做柜子，我一个朋友家就是这样做的，挺好看的！另外，阳台柜子……

设计师：好的，我都设计进去。

顾　客：不过，你看餐厅两边的柜子该怎样做呢？

设计师：这要看您的具体需求了，估计您肯定也有自己的想法了。

顾　客：我是这样想的，首先，进门左手边主要是日常储物，迎面这面墙作为餐边柜……

设计师：好的，您的功能要求已经很具体了，那电视柜您有什么想法呢？

顾　客：我想在电视两边做柜子……

设计师：好的，柜子的设计公司基本上明确了。您看这样吧，今天也是我们第二次见面了，您今天走一下设计流程，把设计定下来，然后我开始为您做具体的设计。

顾　客：这些柜子做下来要多少钱呢？

设计师：全屋柜子做下来大概 6 万元左右。

顾　客：啊？这么高啊！

设计师：这个已经很便宜了，要是买品牌的成品定制，至少得 9 万元以上的！

顾　客：你们用的是什么板材？甲醛含量高不高啊？

设计师：我们用的板材是……

讲解话术二

设计师：您对柜子有哪些想法和要求呢？

顾　客：你看，进门右手边我想做一个鞋柜，然后餐厅的两面墙最好也做柜子，家里小孩子要地方放东西，还有就是客厅电视两边也要做柜子，我一个朋友家就是这样做的，挺好看的。另外，阳台柜子……

设计师：您家的柜子真的不少哦！怪不得您不愿意在硬装上做设计，原来您是想把钱都花在柜子上哦。

顾　　客：那你觉得这些柜子的功能该怎样设计呢？

设计师：您放心，柜子的功能是最基本的设计，可以这样说，只要您提出想法和要求，一般的设计师都能帮您设计好。不过，我现在担心的倒是您家里这么多柜子的整体设计问题。

顾　　客：整体设计，什么意思？

设计师：您看看，您家里到处都是柜子，有高的，有矮的，有宽的，有窄的，首先给人的感觉就比较错乱！而且，如果颜色完全一致，那家里就会太单调，如果搞复杂了，就会更加错乱，其实，这和穿衣服一样，您说是不是这个道理？

顾　　客：嗯，这个方面我倒没想过。

设计师：而且，您家地面、墙面、顶部都比较简单，如果柜子再随意组合，那可就真的不好看了。

顾　　客：那柜子设计是不是要花很多钱啊？

设计师：您的这个想法其实是个认识的误区，柜子的设计重在造型和颜色，如果多做造型则需要多花钱，但如果只是颜色上的设计，基本上就不需要多花什么钱，只需要做柜子之前把颜色设计搭配好！您看看，这是我之前的案例图片，他家和您家差不多，基本上也是刷墙铺地，但是由于柜子的颜色搭配比较好，家里的设计感一下子就上来了……

顾　　客：嗯，这个效果是不错！那我家也做颜色上设计吧，节省一点！那你觉得我家这么多柜子的颜色该怎样组合呢？

设计师：您看这样吧，今天已经是我们第二次见面了，如果您觉得我前面谈的您还认可，那咱们就走一下设计流程，把合作的事情定下来，然后我开始专门给您做设计。

顾　　客：要交多少钱？

◆ 答疑解惑 ◆

宋老师　　中高端顾客的设计伏笔在地、墙、顶，而刚需型顾客的重点则在柜体。即便刷墙铺地的顾客，其实内心深处也期望美观与品位，只不过出于预算问题而被压抑，如果设计师能够帮他实现这一愿望，便能胜出一筹。

很多刚需型顾客不太注重柜子的美观，怎样引导？　　**设计师**

宋老师

　　首先要明白一个事实，刚需型顾客不太注重美观，其实是一个伪命题，顾客不是不注重，而是因为预算有限而压抑自己的这一需求。

　　所以，设计师要能激发起顾客内心深处的这一需求！当然，也有很多顾客认为柜子主要是功能方面的设计，而忽略了外观的设计，所以，要从空间的整体搭配上来改变顾客的原有认知。

设计师

　　顾客一听美观设计，就想到要多花钱，怎么办？

宋老师

　　是的，一提到设计，很多人都会想到预算的问题，这的确是一个障碍。此时，设计师要告诉顾客，如果多做造型，是会增加费用的。但是如果从色彩上做设计，则是不需要增加多少费用的，最后，再通过类似的案例来打消顾虑。

设计师

　　柜体的设计伏笔怎样留呢？

宋老师

　　柜体设计的伏笔不是留在具体功能的设计上，而是埋在柜体的外观上，以及从空间的角度每个柜体之间的搭配和组合上，这样才能与众多的设计师形成差异。

　　毕竟，具体的功能是设计师老生常谈的话题，你再去重复，顾客是感觉不到你的设计能力的。比如，顾客要求进门处和电视左边做柜子，那么电视的右边也要做柜子，否则不平衡，但是左右都做柜子，又拥挤，怎样降低这种拥挤感，这就是难点，需要花费心思重点设计的地方。

设计师

　　如果顾客问柜子内部功能怎样设计，怎么办？

宋老师

　　一方面，告诉顾客等柜子的整体外观定下来之后再做内部的具体功能设计。

　　另一方面，可以列举一个柜子的功能设计，而且还要告诉顾客，这些基本功能设计，很多设计师都能帮助他实现的，所以，柜子的设计重点是空间整体搭配的问题，这样做就是把顾客从具体功能上引导到整体设计上来，让顾客沿着你的方向走下去。

如果顾客询问的柜子材质的环保问题怎么办？　**设计师**

宋老师

　　第一，快速回答，一口气讲完柜子的材质，然后再一口气讲柜子环保，请注意，要快速讲完，这样就能让顾客感觉你对材料很专业。所以，你必须事先非常了解材质和环保的内容。

　　第二，如果顾客想详细了解，告诉他等一下会安排专门的销售人员讲解，然后再次把话题拉回到柜体的整体设计上来，总之，不能打断伏笔的节奏，不能被顾客的问题带偏了。

我对材料不是特别专业，又该怎样讲空间？　**设计师**

宋老师

　　请注意，要多讲自己擅长的内容，如果顾客提出的问题是自己不擅长的，则可以避重就轻，比如话题转移，引导到自己擅长的方向上来。当然，材料知识也是设计师的基本功。

✦ 在线互动 ✦

（针对本节内容，如有疑问，可通过"宋健个人微信"留言咨询，将在 48 小时以内得到答复）。

_____

_____

_____

_____

_____

_____

✦ 要点精炼 ✦

你要内在的功能，我讲外在的设计。

把顾客对功能产品的需求，引导到外在的色调、造型等美观的设计上来，告诉顾客"功能柜体越多，空间越容易错乱，就越是需要整体的组合与搭配。"

第六节 节奏把控：拿捏火候交订金

谈单困惑：

面对我指出的设计难点，顾客好像不太相信，不以为然。我把设计难点的解决办法都讲给顾客听了，顾客还是不签单，甚至从此以后消失了，怎么回事？

✦ 实战案例 ✦

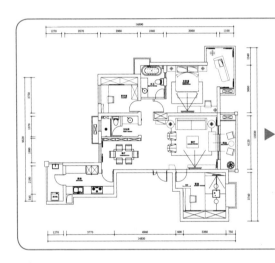

案例背景：

顾客是第二次来看方案了，对于左图所示的平面布局已经满意，为了推动设计订金，我指出了几处设计难点，可顾客却不以为然。为了表达诚意，我把解决方案都讲清楚了，可还是引起不了顾客的兴趣。

✦ 实战解析 ✦

■ 借助伏笔引导订金失败，主要原因如下：

原因一：火候未到。面对设计师留下的伏笔，顾客不感兴趣，更没有追问"怎么解决"，说明顾客的胃口没有被吊起来，此时推动订金为时尚早。

原因二：错失良机。顾客追问"怎么办"的时候，正是借机推动订金的时候，但是很多设计师却傻乎乎畅谈具体怎么解决，结果，把该讲的都讲完了，顾客对你还有期待吗？

原因三：方法有误。很多设计师缺少规范的签单语言，习惯地说："您看今天要不要先交一点订金？""您看今天能不能定下来，然后我开始为您做设计"，这些错误的语言，把选择的主动权交给了对方，顾客当然回复"再考虑考虑"。

■　下面的话术模板，是对问题与方法的呈现，请大家对比学习：

讲解话术一：直接指出顾客家里的设计问题，引起顾客本能的抵触心理。把三个难点的解决思路都给了出去，顾客听起来肯定是"没什么难的"。最后顾客拒绝签单的时候，也就没有了争取回头的伏笔了。

讲解话术二：先做铺垫，带着顾客思考并发现设计难点，顾客更容易接受。范围性报价给自己留有余地，然后主动拉回到签单上来。

◆ 实战讲解 ◆

讲解话术一

设计师：既然平面没什么问题了，那接下来就是具体的设计问题了。

顾　客：设计有什么问题？

设计师：是的，首先您看客厅和餐厅的地面空间上会有交叉，这个交叉区域是第一个设计难点，第二个难点是沙发、玄关、餐厅的三个背景怎样统一起来，第三个难点是主次卧室门口的这个小空间该怎样设计的问题……

顾　客：我的房子布局很整齐的吧，叫你这么一说，怎么这么多问题？

设计师：是的，从专业的角度来说的确如此！您看……

顾　客：这个你也不用多说，按照刚才的布局，我家装下来要花多少钱？

设计师：粗略估计大概 25 万元。

顾　客：啊？这么高！之前有一个设计师说最多 20 万元，你们怎么这么高？

设计师：您之前找的什么装修公司我不知道，不过，按照我们公司的材料和施工质量，差不多需要这个价格，不过，我在具体设计的时候可以帮您降低预算。

顾　客：刚才你说的那几个问题，你准备怎样解决呢？

设计师：您看，第一个问题我准备这样解决……第二个问题我会这样解决……第三个问题这样做就可以了……

顾　客：原来这样子啊，明白了。不过这么一说也没什么难的哦。

设计师：呵呵，说起来容易做起来难哦！要不今天您先交一下设计订金，然后我开始为您进行具体设计。

顾　客：这样吧，我回去和家人再商量一下，毕竟你们的预算高出了不少！

设计师：那好吧！您看您下周几带家人一起过来？

讲解话术二

设计师：既然平面布局没问题了，那接下来就是具体设计问题了！

顾　客：设计有什么问题？

设计师：呵呵，是这样的！您看平面布局只是解决功能的问题，比如什么东西放什么地方等。但是，家里美不美观，有没有品位，能不能达到您要的某种感觉，都需要具体的设计，比如您来看，进门第一视角是不是玄关背景和沙发背景？

顾　客：是的，这两个背景有什么问题吗？

设计师：您想想，这两个背景是进门的第一视角，既影响着您每天回家进门的心情，也关乎着客人对您家的第一印象，您说是不是？

顾　客：嗯，是的，那这两个背景你准备怎么做呢？

设计师：您再想一想，比如沙发背景想要什么样子的，估计您自己都有想法了吧？而且，玄关背景您肯定也有想法了，所以，这两个背景本身设计起来并不难，难的是怎样把它们两个统一起来，怎样相互呼应起来，这就是设计的难点，您说是不是？

顾　客：嗯，好像有一点。

设计师：其实，这就好比买衣服，单买一件衣服很容易，但是，怎样把上衣、裤子、鞋子搭配起来才能美观有品位，怎样才能达到想要的气质，这可就比较难了。而我们设计师，其实就是帮顾客解决整体搭配问题的。

顾　客：哦，是这么一个道理。

设计师：而且，您家的主要背景除了玄关背景和沙发背景，还有餐厅背景，三个叠加起来，设计的难度就更大了，您说是不是？

顾　客：那照这样设计下来，我家装修要花多少钱呢？

设计师：说实话，现在设计方案还没有定下来，我就给您做报价其实是不负责任的。但是，如果粗略计算的话，应该在18万～25万元这个范围，最后的方案可能高一点，也可能低一点，这都要取决于最后设计方案了。这样吧，今天我们沟通得比较深入，如果您觉得我前面的思路还可以，那咱们就把合作定下来，您走一下设计流程，然后我开始为您进行具体的设计。

顾　客：怎么走流程？

设计师：其实很简单，就是交一下设计订金，明确一下合作。

顾　客：多少钱？

设计师：您请跟我来一下财务。（起身引导）不多，公司统一规定的2000元。

◆ **答疑解惑** ◆

宋老师

利用伏笔交订金，需要做好三个节奏的把控：
第一，火候的把控，一定要抓住顾客追问解决方案的好时机。

宋老师

　　第二，问题的把控，明确自己的方向，不要被顾客的问题带偏了。

　　第三，签单的把控，要说对话，做对事，一气呵成。

设计师

　　我告诉顾客设计有难点，顾客好像不太高兴，或者不相信，怎么办？

宋老师

　　如果你对一个只见过一两次面的陌生人说他这里不好，那里有问题，结果会怎样？

　　顾客费尽心思买的房子，你却上来就指出一大堆问题，顾客能接受吗？所以，要先做铺垫。

　　怎么铺垫？

　　方法一，先对一个空间进行造梦，以此增加彼此的认同感。

　　方法二，不是你找他房子的设计难点，而是像"讲解话术二"一样，先铺垫思路，引导顾客一起思考，让他自己去发现设计难点和问题。

设计师

　　怎样判断顾客是否买"伏笔"的账？

宋老师

　　这比较考验设计师的观察能力，具体可从两个方面判断：

　　一是观察顾客的表情，看他对你的话题是不是感兴趣，比如，你讲到关键处，他是否参与话题，是否沉思、皱眉等。

　　二是看顾客是否追问这个难点怎样解决，这是最直接的信号。

设计师

　　什么情况下推动订金比较好？

宋老师　你的这个问题是推动订单的时机把握，当顾客追问你难点该怎样解决的时候，就可以直接推动订单。

比如说"这个问题您得容我多想两天！今天咱们谈得比较深入，如果您觉得我的理念还可以，您就交一下设计订金，然后我开始具体的设计。"当然，也可以先回答一半，然后戛然而止，让顾客更加期待你的设计，再推动订单。

设计师　我正在讲解设计难点，但顾客却询问材料、价格、施工等事项，怎么办？

宋老师　面对顾客提问的打断，要清楚自己的方向是什么，要把设计难点的话题深入，吊起顾客的胃口，为签单留下伏笔。

但是该怎样把控话题呢？

方法一：简单的问题就简单回答，然后不要停顿，立即拉回话题。

方法二：复杂的问题就告诉他等一下会专门来解答，现在先解决这个问题，然后沿着"伏笔"的话题继续往前推进。

设计师　我引导交订金，可是顾客仍然要再考虑，怎么办？

宋老师　首先，不要强求，也不要祈求，否则会降低设计师的身份，而且，还有可能把顾客吓跑。

第二，可以以退为进，告诉顾客"等下次来的时候再定"，但是一定要强调下次要解决什么问题，这是下次再见面的理由和伏笔。

设计师　设计的难点我是找到了，但问题怎样解决我却没信心，怎么办？

宋老师

是的，设计师不只是问题的发现者，还是问题的解决者，尤其当顾客追问的时候，是要先给出一部分答案的，毕竟很多顾客是需要立刻给出解决办法的。

怎样提升解决问题的能力？我建议，每天学习一套实景案例，看多了，也就知道怎样解决问题了，这需要日积月累。这就好比医生不学习治疗的案例，就无法开始看病一样，设计师不学实景案例，也就不会解决问题。

◆ 在线互动 ◆

（针对本节内容，如有疑问，可通过"宋健个人微信"留言咨询，将在 48 小时以内得到答复）。

_____

_____

_____

_____

_____

_____

◆ 要点精炼 ◆

造梦和伏笔是设计订金的两大助推器，造梦利用的是顾客的兴奋点，而伏笔利用的则是顾客的问题点。

第四章

谈单思路——思路对了方法才管用

第一节 谈单思路：换个模式好签单

谈单困惑：

　　平面布局和优化，材料工艺和价格，一个谈单模式讲了很多年，自己都没感觉了，顾客也提不起兴趣，怎样谈单才能吊起顾客的胃口，快速签单？

◆ 实战分析 ◆

　　出现这种局面，主要是以下两个原因造成的：

　　原因一：顾客找你做设计，是带着美好憧憬来的，是有期待的，结果，设计师没有让顾客感受到他家将来的样子，所以，很失望，没兴致。

　　原因二：设计师十几年一个老套路，讲来讲去自己都麻木了，于是，讲起来没了激情，没了影响力，顾客哪里还有什么感觉？

　　原因三：你能做平面优化，别人也能做，你的材料好，别人也不差，你的价格低，别人还更低。于是顾客认为，你和别人差不多，你没有什么优势。

◆ 谈单思路 ◆

传统谈单模式：

讲平面布局 ▶ 讲材料品质 ▶ 讲施工保障 ▶ 讲公司实力 ▶ 讲方案报价

> 好处：多年习惯，易于讲解。

> 坏处：无差异化，不易签单。

模式分析：

1. 平面布局拼不过顾客，也谈不出花样。材料、施工、实力等又行业同质化。

2. 顾客认为：设计师讲的都一样，所以，设计师都差不多。

3. 既然找不到家的感觉，那我肯定担心效果不好，所以，迟迟不敢下决定。

4. 既然大家都差不多，那就只能在价格之间"再考虑"。

空间造梦模式：

讲平面布局　　引导判断标准　　讲空间造梦　　讲签单伏笔

好处：差异化讲解，易于签单。　　坏处：改变习惯，讲解有难度。

模式分析：

1. 差异化的专业性：你讲平面布局，我讲空间造梦。你讲价格实惠，我设签单伏笔。

2. 顾客能够感受到家的样子，顾虑也就少了许多，也就更容易接受设计师的构思和建议。

3. 谁能给顾客描述一种美好的感觉，顾客就觉得谁专业，值得信任。

4. 顾客的设计胃口被你吊起来了，即便不交订金，也会追着你看方案。

◆ 答疑解惑 ◆

宋老师
你讲平面布局，我讲空间造梦。
你用经济实惠签单，我用设计伏笔签单。
总之，换个谈单模式，用空间造梦体现专业，用设计伏笔推动成交。

设计师
平面布局，难道不是空间造梦吗？

宋老师
平面布局应该是设计的基础工作，也就是功能优化的问题，最多只能让顾客知道什么东西放什么地方而已。至于美观、品位、情感诉求等，都是无法感受到的，所以，平面布局算不上顾客想要的"梦"。

设计师
您的新谈单模式里第一步也是先讲"平面布局"，又该怎样讲解才更好？

宋老师

很多设计师一拿到户型图就说"这里要拆墙，那里要堵上"，然后大谈户型优化。这样是有风险的，尤其对于那种试探性的顾客，风险更大。

怎么办？

第一步，先引导顾客讲解他的想法，如果顾客不说，则可以笑着将他一句："大哥，房子是您的，您不提自己的想法，也不说家人的要求，那我只能凭空想象了。"如果顾客仍然不说，说明这个顾客是专门考验你的，没有诚意，可能原本就不属于你。

第二步，一边听，一边寻找你的突破点，然后给出自己的布局建议，于是，平面布局也就好确认了。

设计师

宋老师，第二步"引导判断标准"是什么意思？

宋老师

平面布局大致确认之后，不能停下来，不要开始材料、施工、公司实力的讲解，而是要往空间上转移，可以告诉顾客："平面布局只是家装设计的基础工作，有时候您自己都能做得到。其实，设计师的真正作用是空间设计，比如怎样才能美观、有品位、有档次，怎样才能实现您想要的家居氛围，怎样才能把您的情感诉求表达出来等。"

这样做，一是在为接下来空间造梦做铺垫；二是在为顾客树立选择合作设计师的"判断标准"，进而提升自己的话语权。

设计师

按照新的谈单模式来讲的话，空间造梦才是重点吗？

宋老师

是的。

请记住，空间造梦是新的谈单模式的落脚点。因为，它能让顾客找到家的感觉，能让顾客感觉设计师与众不同的专业性，当然，更能吊起顾客对设计的胃口，当顾客继续追问你的时候，便是推动订金的时候。

设计师

按照新的谈单模式，公司实力、材料、施工、价格难道就不要讲了吗？

宋老师

讲，一定要讲。

传统讲法是把这些一个模块一个模块地讲，而新模式是当进行空间造梦的时候，在一个特定的空间里去讲，以空间效果为主线展开讲解，比如，当讲到线条呼应的时候，可以延伸到什么材质；当讲到某个细节的时候，可以讲公司的工艺保障；当一个空间造梦讲完的时候，很自然地再把这个空间的报价给出来。总之，一切都那么顺其自然。

设计师

既然空间造梦已经可以推动签单了，那为什么还要留下伏笔呢？

宋老师

这是双重保障。

你想，万一顾客没有因为你造的"梦"而签单，怎么办？那就通过设计伏笔留下后文，让顾客期待你对问题的解决方案，才能有下一次见面的机会，也就是增强顾客的黏性。

✦ 在线互动 ✦

（针对本节内容，如有疑问，可通过"宋健个人微信"留言咨询，将在 48 小时以内得到答复）。

_____

_____

_____

_____

✦ 要点精炼 ✦

你不是平面布局师，而是空间设计师。所以，拿到户型图，第一反应是"梦点在哪里，伏笔在哪里"，这才是以订单为目的的谈单思路。

第二节 首次见面：谈一次就没戏了

谈单困惑：

第一次见面和顾客谈得很好，结束的时候我问他感觉怎么样，顾客还非常满意地回答："蛮好的，挺不错。"可是之后再也不来了，明明聊得很好，为什么就不合作了呢？

✦ 实战分析 ✦

谈一次就没戏，主要是以下原因导致的：

原因一：很多人拿谈单当聊天，缺少目的性。什么时候该做什么事，该用什么方法来达成，往往是一本糊涂账，这就是很多设计师所缺少的目的性思维。

原因二：不懂得互动，一厢情愿地讲解，不去观察顾客的反应，也不去试探顾客对你的认可程度。

原因三：自我感觉良好，盲目轻信顾客对你的敷衍，殊不知，"蛮好的，挺不错"的潜台词很可能是就"原来你就这水平啊，连我这个业余水平的都想到了。"

原因四：第一次见面，顾客都是带着审视的眼光来看设计师的，如果你不能给顾客留下一点记忆，如果不能让顾客感受到你的专业性，你是不会被顾客纳入他的候选对象的。

✦ 谈单思路 ✦

第一步：判断顾客类型	第二步：平面布局建议	第三步：空间造梦	第四步：签单伏笔
目的： 找到谈单重点	**目的：** 体现专业性	**目的：** 突出差异化	**目的：** 推动订金
谈单要点： 1. 专业化印象 2. 判断顾客类型 3. 明确顾客阶段 4. 找准谈单重点 5. 业务告知	谈单要点： 1. 听取顾客需求 2. 提出优化建议	谈单要点： 1. 引导判断标准 2. 空间造梦	谈单要点： 1. 签单伏笔 2. 推动交订金

思路分析：

1. 第一步的"判断顾客类型"是为后面的谈单找准方向、找重点，否则，就会出现方向性的错误。有人不了解小区情况，一看是 140 多 m^2 的大房子，就觉得这个顾客经济基础好，就按照享受型顾客去谈，最后才发现人家只是普通小区里的改善性住房而已。

2. 很多人一上来就对着平面图"这里怎么拆，那里放什么；这里有多好，那里有缺点"，很可能和顾客的需求错位，甚至还会招致顾客的反感。你想想，如果顾客只想刷墙铺地简单弄一下，那会怎样想？所以，要先听顾客的想法，然后再提出你的优化建议，这样一来，既避免了错位的风险，又让顾客觉得你的建议是他没想到的，这就是专业。

3. 第一次面谈，造梦才是重点，因为它是体现你专业性的地方，也是吊起顾客胃口的重要途径，更是体现你和其他设计师差异化的地方。

4. 最后的落脚点则是"签单伏笔"，也是"设计伏笔"，这是增强顾客黏性的关键一环，即便没有订单，也会让顾客因为期待你的设计而回头。

◆ 答疑解惑 ◆

宋老师

　　第一次见面，拿到户型图第一反应是什么？拆墙？户型优化布局？这些都是传统的思维，而不是谈单思维。正确的应该是：这个户型的谈单切入点是什么？也就是梦点在哪里？有几个伏笔可以设置？今天该造什么梦，留下什么伏笔？接下来还有几个伏笔可以用？

　　但是，这一切，都要先从判断顾客类型开始，因为，不同的顾客要用不同的造梦方法，伏笔自然也不同。

　　顾客类型怎样分，怎么判断？　　**设计师**

宋老师

　　第一次见面只能做大致分类，一是刚需型，包括基础刚需型和改善刚需型，他们的共同点就是实用和经济。二是享受型，比如高档小区大平层、别墅等。

　　怎样判断呢？比如，可以了解是哪个小区的房子，户型大小，第几套房，置换还是翻新，自住还是出租，想简单装修一下，还是好好装修一下，有没有什么特别要求等。

设计师

明确顾客阶段，是什么意思？

宋老师

顾客阶段关乎着第一次见面的目标。

比如，已经了解了几家装修公司了，顾客心里有底了，今日签订概率较大，今日目标为签单。

如果今天是首次，或者刚开始和家装公司见面，说明顾客刚开始找感觉，心理还没有底，签单概率比较低，今日目标为空间造梦留伏笔，让顾客感觉你和别人不一样，让顾客再回来找你。

设计师

找到谈单重点又是什么意思？

宋老师

谈单重点，就是搞定顾客的"切入点"，也就是顾客最可能为之买单的核心需求点。

比如，享受型顾客，第一次见面要先与顾客从心灵上达成共鸣，重点就是用"虚"的东西打动他，而不是布局、材料、功能、价格等。但如果是基础刚需型顾客，则要通过实用与经济打动他。当然，每个顾客都有更具体的实际需求，这需要大家根据当时的实际情况灵活把控。

设计师

宋老师，谈单要点里的"业务告知"是什么意思？

宋老师

业务告知，也就是告诉顾客：设计分为几个阶段，每个阶段甲乙双方需要做什么，这是让顾客有个心理准备，为后面的设计订金做铺垫，否则，当你要求交订金的时候，顾客会感到很唐突，接受的难度就增加了。

比如，如果顾客事先不明白设计订金和效果图的业务顺序，当你提出交订金的时候，他就会质疑"你没有效果图，我怎么交订金啊。"

所以，设计师要提前进行业务告知，尽可能避免不利事情的发生。

设计师

第一次见面，怎样才能留下好的第一印象？

宋老师

重要性就不多说了，关键是怎样留下好的第一印象？

第一，形象不一样。看上去要像设计师，比如留下一个与众不同的符号，哪怕你的胡子比别人长一点，哪怕你戴的是假眼镜，哪怕你的服装很另类，等等。所以大家可以问问身边的朋友，自己身上有没有这样的"符号"，如果没有，可以找人专门设计一下！

第二，专业不一样。最好的方法就是空间造梦，用你的一张嘴就能把空间讲得栩栩如生，既体现了你的专业性，又能把你和众多的设计师区别开来，让顾客对你更有期待。

设计师

第一次见面，针对户型图的空间讲解，有没有具体步骤？

宋老师

具体到户型图的空间造梦时，第一步，先从进门第一视角的地方找梦点；第二步，规划空间，以最大化原则切空间，门厅、餐厅、客厅、过道等；第三步，找出户型分割点，也就是交叉点，或者不交叉的空间的视觉关联点；第四步，设置伏笔点，地面、墙面、背景、顶部，以及它们之间的关联之处，等等。

设计师

老师，我懂了，以后我就按照这个步骤来谈单。

宋老师

错误！谈单模式的运用有两个层面：

第一个层面是按照框架流程推进，比如第一步、第二步、第三步等，就像练习武术一样，这只是自我训练时候的做法。

第二个层面，实战的时候，要灵活变通，要在不同的流程步骤之间相互切换，不管从哪个步骤开始，都可以把顾客引导到对自己有利的方向上来。

所以，希望大家在见到顾客之前反复训练，否则，那就是拿顾客当靶子做练习，白白浪费了顾客资源。

◆ **在线互动** ◆

（针对本节内容，如有疑问，可通过"宋健个人微信"留言咨询，将在 48 小时以内得到答复）。

_____

_____

_____

_____

_____

_____

◆ **要点精炼** ◆

谈单时眼里不能只有签单，要有"洋葱"式的逻辑思维，要把签单剥离成若干个阶段性目标，然后，一步一步地向签单推进。

第三节　量房面谈：量完房顾客不来了

谈单困惑：
　　量完房，邀约了很多遍，顾客就是不来看方案，逼急了，就要求把方案和报价微信发给他，真是进退两难！

✦ 实战分析 ✦

量完房顾客不来看方案，主要原因如下：

■　原因一：缺少情感沟通。

为了量房而量房，20 分钟就搞定，不复盘。而且，不管客户在不在场，自以为量完房顾客就是自己的了。即便有沟通，也是对布局简单的询问，你对顾客知之甚少，顾客对你更是不了解，那顾客凭什么把房子交给你这个"陌生人"？

■　原因二：没有专业性的呈现。

请牢记：从你进门开始，顾客就在用审视的眼光观察你，判断你。有时候，量完房顾客却问了一句"你是专门量房的，还是给我们做设计的？"一下子就暴露了顾客对设计师的不信任，所以，测量尺寸只是量房的一个环节而已，更重要的是建立信任，比如为顾客提一下装修的建议，水电怎么走，主材怎样选，怎样监督装修师傅，装修行业有哪些不为人知的内幕等。

■　原因三：没有吊起顾客的设计胃口

只是沟通平面布局，或者拿出让顾客将信将疑的"案例实景图"；没有借助现场的空间造梦来展示你的设计能力；再加上"设计伏笔"的缺失，顾客就更不会期待你的设计了，进店看方案也就变得可有可无了。

■　原因四：设计师自我挖坑式告别

量完房，很多设计师会口头禅式地捎上一句告别："过两天把方案和报价做出来，咱们再详谈！"于是，顾客就等着你的报价了这就对自己非常不利！再加上顾客原本对你的方案就不期待，来不来看也就更无所谓了。

✦ 谈单思路 ✦

第一步:房屋测量	第二步:功能布局	第三步:装修建议	第四步:造梦伏笔	第五步:邀约铺垫
目标:塑造专业感	目标:体现设计能力	目标:体现装修专业	目标:吊起设计胃口	目标:减少邀约障碍
谈单要点: 1. 房东在场 2. 专业仪表 3. 团队分工 4. 数据复盘	谈单要点: 1. 记录需求 2. 布局建议 3. 布局确认	谈单要点: 1. 选材建议 2. 装修建议 3. 判断标准	谈单要点: 1. 解决上次伏笔,空间造梦 2. 再留一个伏笔	谈单要点: 1. 避免错误引导 2. 邀约正确话术

思路分析:

1. 一套 120m^2 的房子,量房的时间建议一个小时以上,20 分钟量房和复盘,剩下的时间就是接下来四步要做的事情了。

2. 量房的主要目的不是测量房屋尺寸,而是另外两个:一是建立信任,二是争取让顾客到店看方案。这一观念大家一定要改变。

3. 第一、二步往往是在一起的,先量尺寸,然后根据布局的沟通在草图上进行标注。第四、五步需要连贯起来,最好不要被其他内容打断,至于第三步的"装修建议"则可以灵活穿插。总之,设计师要对这五步心里有底,当被顾客打断的时候,要知道自己该往哪个方向走,不能被顾客带偏了。

✦ 答疑解惑 ✦

宋老师

第一次去店里,顾客往往带有防备心理。但是,量房的时候,顾客的戒备心理基本上放下了,所以,正是深入沟通,展示专业,建立信任的时候,一旦错过,后面的机会就很少了。

量房的时候,有的顾客对设计师爱答不理,怎样才能提起顾客的兴趣?

设计师

宋老师

第一，如果是第一次和顾客见面，一定要注意形象，要有设计师的"范"。

第二，开始的时候，设计师不要多说话，从门口开始，不同角度地审视每个空间，这里看一看，那里指一指，皱一皱眉头，再和助理沟通两句。如此下来，顾客一定会主动问你"有没有什么问题？"，此时先不要立刻回答顾客，可以说"我再整体观察一下，想一想再回答您"，继续激发顾客向你求知的欲望。

设计师

量房为什么要团队出现呢？怎么配合？

宋老师

组团出现，可以做好分工，助理量房，设计师现场指导，分工明确；设计师讲空间、谈设计，助理讲公司、讲材料，这更是专业层级之分。

总之，分工之后，设计师就可以专门和顾客进行深层次的沟通，比如设计风格、装修花费、家庭成员、工作、爱好等。然后再对顾客进行针对性的分析，做出更合理的设计构思，并和顾客进行碰撞与融合。

设计师

量房的时候，怎样针对不同的顾客区别沟通？

宋老师

有的业主装修预算高，此类顾客的设计风格一般为精装或者豪华装修，就要以设计为重点，给他造梦，讲效果，聊思想，谈境界，不必要过多提及费用。

有的顾客有经济实力，但就是预算低，那就从简约设计风格入手，适当降低造价，重点是带着顾客一起思考，引导顾客自己去发现需要设计的地方。

有的顾客想装出好效果，但是预算又有限，那就设计和预算同等兼顾，但要时不时提醒顾客你是怎样降低预算的。

设计师

量房的时候，除了装修建议和空间造梦，还有没有其他可以提升专业感的地方？

宋老师

有的，不过非常考验设计师的专业能力，比如，如果你的手绘能力比较强，可以现场绘制出平面设计图或者透视图，业主就会对你刮目相看；再比如，如果顾客非常在乎材料的甲醛环保问题，那就给顾客讲一讲什么材料好，什么材料不好，怎样判断好不好等，总之，一定要向顾客露一手。

设计师

第五步的"邀约铺垫"，具体怎样铺垫？

宋老师

第一，不要自找麻烦，不要说"过两天方案和报价发给您""过两天方案和报价出来了我们再详聊"，请问，方案没有确定，你怎么给报价？

第二，要主动避免问题的发生，可以开玩笑地说"过两天方案出来了，您来我们公司再详聊，不过，到时候您可不要让我直接微信发给您哦，毕竟很多构思可不是一张图片就能表达清楚的！""下次见面您可不能直接向我要报价哦，毕竟咱们方案还都没有确定下来，您说是不是？"

设计师

有时候网单是多家公司同时量房，怎么办？

宋老师

多家公司同时量房是网单顾客的主要特点，最大的问题就是顾客很难记住你。

第一，等大家量完了你再上楼，这样你才有时间和顾客做更多的沟通。

第二，助理量房，设计师空间造梦，不要再去重复前面设计师讲过的平面布局等老生常谈的内容，否则你就会被淹没，顾客会认为你和前面的都一样。所以，要进行空间造梦，寻找设计伏笔，这样既能和众多的设计师差异开来，又能为下一次见面留下伏笔。

第三，当顾客的胃口被吊起来后，要适可而止，对顾客说"咱们下次再聊"，顾客的心一下子就被你抓住了！

怎样判断量房效果好不好？　设计师

宋老师　　　设计师要有目的性思维，每个阶段的事情做完之后，要判断一下效果好不好，然后才知道下一步该怎么做。量房效果好不好，要做三个判断：

一是看顾客有没有对你的伏笔进行追问，也就是是否期待你的方案。

二是结束的时候，顾客有没有主动问你几天方案能出来，下次见面约在哪一天。

三是握手告别时，顾客是有力地握满手，还是只给你几个手指头随便应付你一下。

✦ 在线互动 ✦

（针对本节内容，如有疑问，可通过"宋健个人微信"留言咨询，将在 48 小时以内得到答复）。

_____

_____

_____

_____

_____

_____

✦ 要点精炼 ✦

单子能不能成，量完房握手告别的时候就知道了。如果顾客伸出的是满手或者双手，那对你基本是认可的。但如果只是伸出几个手指头"点一下水"，那你可要警觉了。

第四节 首次看方案：看完方案顾客消失了

谈单困惑：

顾客听讲方案的时候，兴致不高，有时还心不在焉。即便听得很投入，方案也很认可，但一提签单，就要再考虑考虑，过两天再邀约，居然电话也不接了！

✦ 实战分析 ✦

既然来看方案，说明顾客对你的设计还是期待的，为什么最后却消失了呢？主要原因如下：

原因一：你的方案和顾客的需求出现错位，甚至顾客压根就没看上，一棍子就把你和方案都"打死"了。

原因二：顾客没有进入状态，你在讲方案，他可能还在想其他的事情，或者他跟不上你的讲解节奏。

原因三：你的方案一般，不能够吸引顾客，而且你的替代者随处都有，也就没必要再找你了。

原因四：设计师自我感觉良好，没有及时发现并解决问题，盲目相信顾客真的是要"和家人商量商量"，于是，顾客一旦离店，便永远消失在了家装市场当中。

原因五：设计师缺少目的性思维，签单失败后，顺其自然地让顾客走掉，没有留下让顾客再回头的伏笔和理由。

✦ 谈单思路 ✦

第一步：气场准备	第二步：需求分析	第三步：方案讲解	第四步：设计伏笔	第五步：推动订单
目标：提升影响力	目标：带入频道	目标：方案说服	目标：交订金的理由	目标：顾客交订金
谈单要点： 1. 场地准备 2. 方式准备 3. 自我通关	谈单要点： 1. 需求重申 2. 需求分析 3. 方案思路	谈单要点： 1. 布局讲解 2. 空间造梦 3. 报价应对	谈单要点： 1. 解决上次伏笔 2. 再留伏笔	谈单要点： 1. 签单话术 2. 被拒之后的应对

思路分析：

1. 谈单谈的是气场、是局面、是信心的传递，尤其气场不足、资历尚浅的设计师，更需要通过充分的准备来营造对自己有利的谈单局面，为后面的方案讲解加分。

2. 设计师讲解方案的时候，顾客跟不上节奏，或者心不在焉，主要因为不在状态，没有进入设计师的"频道"。所以，讲解方案之前，一定要先做"需求分析"，一是把顾客带入状态，二是让顾客感觉你是重视他的，方案不是随便做出来的。

3. 方案讲解的时候，首先沟通平面布局，但重点要落在空间造梦上，一是凸显你的专业性，二是体现你与别的设计师的差异。当然，当一个空间的造梦结束之后，捎带着把这个空间的报价也讲出来，可以试探顾客的价格接受程度。

4. 如果顾客对第三步的空间造梦感兴趣，追问你细节，那就可以借此推动订金。如果顾客没接招，那就进入第四步的"设计伏笔"再次推动订金。也就是说，至少有两次推动订金的机会。

5. 如果推动订金失败，就要由第五步进行"兜底"，也就是争取顾客回头，不能随便把顾客放走。

✦ 答疑解惑 ✦

宋老师

　　培训的时候，我经常问大家：如果你向朋友借钱，怎样才能借得到？

　　大家的回答：看看谁有钱；哪个人好说话；该带什么礼物；话该怎么说；早晨借还是晚上借；怎样打消对方的顾虑；遭到拒绝怎样应对等。总之，你让别人掏钱的时候，会做好各种准备。

　　其实，顾客来看方案，我们也是在让他掏钱，那我们又做了哪些准备了呢？

　　我发现很多人随随便便地讲，简简单单地答；没有准备，没有方法，缺少目的，缺少手段；多少年不变的一个套路，所有顾客一个方法；能不能签单，顺其自然；会不会再回来，就看顾客高不高兴了。

设计师

老师，"气场准备"的"场地"和"方式"，是什么意思？

宋老师

　　"场地"就是场所，"方式"就是方案的呈现方式。

　　很多设计师拉一个凳子，让顾客坐在计算机旁，就开始讲方案了，旁边的同事左一个电话，右一个微信，你一边点着鼠标，一边切换着页面，顾客时不时靠近看两眼，还要扭着身子，伸着脖子，迷迷糊糊地回应你，你正想多讲两句，顾客的电话进来了……

宋老师 很多人说把控顾客比较难，请问，如此场景，你怎么把控？结果便是，你随随便便地讲，顾客随随便便地听！所以，气场也好，顾客把控也罢，首先要看形式，要在相对封闭的、不被打扰的空间里讲方案。最好不要用计算机，提前把方案打印出来装在一起，既显得专业、重视，又方便沟通。

设计师 第一步的"自我通关"又是什么意思？

宋老师 很多设计师问我，当他讲方案的时候，总是信心不足，或者讲了这忘了那，怎么办？这说明大家对方案的准备还不够充分，还不够熟练，大家可以先进行内部通关。比如，和助理或者业务员进行讲解演练，或者找个没人的地方进行"自我修炼"，总之，不能没有准备地把顾客当"靶子"，做练习。

设计师 "需求重申"和"需求分析"，具体怎样讲？

宋老师 "需求重申"是先把顾客的需求一一列出来，或者简单地解读一下，让顾客回顾一下他提出的需求，因为有时候顾客对自己提过的需求早就模糊甚至忘记了。

"需求分析"一定要有自己的观点和看法，最好能够讲出连顾客自己都没想到的某种需求或情结，这样就能走进顾客的内心。

设计师 第三步"方案讲解"的时候，顾客没感觉怎么办？

宋老师 想要抓住顾客的心，须从两个方面加强：

一是要抓住顾客的某种情结进行展开，比如你要把客厅打造成什么感觉，你要把顾客的某种思想、境界、态度体现出来，也就是把设计上升到无形的"中心思想"来讲，这样顾客就会觉得你懂他。

宋老师 二是要多说"这方面我的思路是""我的设计理念是""之所以这样构思，是因为……"。总之，多强调你是有理念的、有思路的、有主张的。

设计师 我讲方案的时候，总是被顾客打断，怎么办？

宋老师 需要顾客说话的时候，要想尽办法让顾客开口；不需要的时候，那就控制住不让他说话。

什么时候让顾客说？等你讲完了，再给顾客专门的时间说，这就是谈单的把控。

被顾客打断，有两个原因：

一是你不会主动消化问题，这方面的内容第五章会有专门讲解。

二是一旦被打断，可以区别处理：简单的问题快速回答，立即把话题拉回；复杂的问题直接告诉顾客"这个问题比较复杂，等一下我们专门来讲解"，然后快速拉回话题，继续你的讲解。

设计师 怎样讲方案才能抓住顾客的心？

宋老师 这个话题很大，概括下来：

一是回应住核心需求，当你讲完了某个设计点，最后一定要说"之所以这样设计，是因为您之前要求……"，这样就可以增强顾客的接受度。

二是重点空间造梦，让顾客找到"家的感觉"，他才会有兴趣。很多人平面布局讲 30 分钟，空间造梦讲 5 分钟，这就成了狗尾续貂，没效果。要把时间的分布倒过来，平面布局讲 10 分钟，空间造梦讲 30 分钟，这才是差异化的讲解。

三是观察顾客的反应，及时调整讲解方向。顾客感兴趣，那就深入讲解，否则，就切换"梦点"，一般三个"梦点"切换下来会有效的。

设计师 有时候我把顾客讲晕了，是怎么回事？

宋老师

把顾客讲晕了，主要是讲解方式出现了问题，大家可以从三个方面提升自己：

第一，要把控好讲解节奏。比如空间造梦的时候，顾客的想象可能跟不上你的讲解速度，所以，要一边看顾客的反应，一边导向性地说："您想象一下，是不是这个样子？""您琢磨一下是不是这种感觉"，这样既给了顾客思考的时间，又可以观察顾客的反应。

第二，多使用指向性的语言和手势。比如多说"您看这里……""您看后面……""您来对比一下这两个……"等具有指向性的语言，然后再加上手势的"指指点点"，就可以增强顾客的方向感，让顾客跟着你的节奏走。

第三，讲解的语言要有逻辑性。尤其讲解内容比较多的时候，要遵循"总分总"的语言逻辑，先进行概括，然后采用"一二三"的方式讲解具体内容，最后再进行概括回顾。否则，没有顺序，没有层次的讲解，顾客往往是迷糊的。

✦ 在线互动 ✦

（针对本节内容，如有疑问，可通过"宋健个人微信"留言咨询，将在 48 小时以内得到答复）。

_____

_____

_____

_____

_____

✦ 要点精炼 ✦

卖方案，就是一半精力做方案，一半精力讲方案！那么，为了把方案讲好，你又准备了多长时间呢？

第五节   反复看方案：都来好几趟了还没定

谈单困惑：

顾客来了好几趟还没签单，每次来了都问报价，还有反复重复的老问题，最后还是"再考虑，过两天再说"，这样的顾客怎么谈？

◆ 实战分析 ◆

来了好几趟都没定下来，主要是以下原因造成的：

原因一：前几次造的梦和伏笔的动力不够大，没有能够达到让顾客交钱的程度。

原因二：顾客还有某些顾虑，但却不告诉你，他要自己琢磨明白了才做决定。

原因三：顾客本身习惯性犹豫，总是担心这担心那，做决定对他来说是一件非常痛苦的事情，所以，便用推迟决定的方法来避免风险。

原因四：设计师没能捕捉机会，快速逼单，因为此类顾客自己做决定很难，往往需要外力的推动，所以，此时正是需要逼单的时候。

◆ 谈单思路 ◆

第一步：避免谈单	第二步：找准病根	第三步：解决问题	第四步：快速逼单
目标：放慢节奏	目标：发现问题	目标：解决问题	目标：实现签单
谈单要点： 1. 不要主动提方案 2. 引导题外话 3. 服务先行	谈单要点： 1. 分辨真假异议 2. 挖掘真实问题	谈单要点： 1. 提出解决办法，打消顾虑 2. 推动顾客做决定	谈单要点： 1. 逼单四技巧 2. 快速逼单 3. 签单失败，争取回头

思路分析：

1. 针对此类顾客，必须明白三个事实：

第一，你已经是他的候选对象了，他基本上接受你和你的方案，否则他也不会再回来。

第二，顾客肯定还有顾虑，设计师只有帮他解决了，才可能签单。

第三，顾客习惯性犹豫不决，所以，一定要逼单，否则，他永远都会"再考虑"。

2. 千万不能一上来就逼，那样会把顾客逼跑，以后再也不敢来了。所以，要先做情感铺垫，先放慢节奏，让顾客放松了，他才会说出内心深处的顾虑，然后你才能有的放矢。

3. 要对顾客说出的问题做判断，就像病人一样，需要医生加以判断，所以，设计师也要有自己的判断，然后再给出解决办法。

4. 当你解决了顾客的问题之后，只要他没有再提出质疑，就立即逼单。当然，如果逼单失败，要再留下一个伏笔，以争取他的再回头。

总之，对多次回来的顾客的谈单思路就是：发现问题—解决问题—快速逼单；而对应的节奏就是：慢—缓—急，其中的原因需要大家仔细地琢磨。

✦ 答疑解惑 ✦

宋老师

　　顾客又回来了，说明你已经成为他的候选对象，更说明他对你和方案基本上都认可了！

　　该选哪家？是最便宜的吗？是方案最好的吗？

　　我看不一定，有时候还有可能是最贵的，方案一般的！

　　那顾客最后选择的到底是什么？是放心，是安心！也就是说，在他的候选对象当中，谁最能让他放心，他就选谁。这就是顾客此时的购买心理。

　　怎样让顾客放心、安心？不要一上来就谈方案、谈买卖，而是要先谈感情，等你们无话不说了，他才会把心放在你这里。

设计师

　　第一步的"不要主动提方案"具体什么意思？

宋老师

　　顾客回来了，很多人一上来就问："张大哥，上次的方案考虑怎么样了啊""有没有和家人商量好啊""方案改好了，您来看看怎么样""根据您上次的要求，造价我做了压缩，您来看看"。

宋老师　　大家回想一下，此言一出，是不是立即就进入"好与不好""行与不行"上来了，一旦顾客不满意，又泡汤了。

所以，不要主动提出上面的话题，更不能故意冷漠地压制顾客说："哦！又回来了！"而是要像家里来了朋友一样寒暄，聊感情，为后面的挖掘问题、解决问题做铺垫。

设计师　　如果顾客一上来就急着问方案要底价，怎么办？

宋老师　　是的，的确很多顾客一来就问"方案改得怎样了""上次的报价能不能再低些"等直奔主题的话，但是，顾客如此着急的状态对后面谈单很不利，所以，要把节奏放慢下来，可以这样说："哎呀，今天可算是把您盼来了，您放心，方案都改好了，您看今天这么热，您先休息一下，喝杯水。"然后，一边说，一边把顾客引向休闲区，等坐下来之后，一边享受茶水，一边寒暄："张大哥，今天怎么一个人来的？嫂子怎么没来……"。

大家想，当你们聊投入了，顾客的顾虑是不是就会慢慢告诉你？他在讨价还价时是不是就会有所让步？即使他想离开，是不是也会说声再见？

设计师　　怎样才能让顾客说出他的顾虑？

宋老师　　是的，有的顾客不会主动说出他的问题，所以，要把握好以下几点：

第一，拿捏好火候。顾客进来第一步先聊天铺垫感情，一定要到顾客真的放松下来，你们聊得很投入了，再去问他。

第二，询问的时候，要正式、真诚。比如可以这样说："大哥，我一直有个问题很纠结，因为我觉得您对我或者我的方案一定还有想法或者顾虑，所以，还请您如实告诉我，这样我才能帮您解决呀！"话说完，一定要期待地看着对方，让他无法拒绝。

第三，如果顾客支支吾吾说不出来，你可以引导说："您是感觉方案整体效果有问题？还是造价有问题？或是对我们的施工不放心？有什么问题您都可以说！"然后，再次期待地等他回答。

设计师

怎样辨别顾客问题的真假？

宋老师

顾客给你的答案的确有真假，主要原因有三：一是顾客故意隐瞒导致的，二是顾客自我误判导致的，三是顾客自己都是模糊的。

不管什么原因，设计师都要找出真正的问题。比如，顾客说："就是价格有点高"，你就要排除真假，问顾客："那除了价格之外，您还有没有其他方面的问题了？"。

再比如，顾客说："方案不够个性"，此时就要把模糊问题具体化，问顾客："您所指的个性是平面布局功能，还是我之前讲的空间构思？""您想要的个性，是色彩上的还是造型上的？"等。

设计师

怎样才能提升逼单的成功率？

宋老师

逼单不是强推，不能说："您就定了吧！""您还有什么理由不定呢？"更不是祈求式地说："我还有两单没完成任务，您就帮我一下吧！"而是靠方法：

第一，最后顾客应该会有一些问题问你，设计师回答之后，千万不能停下来，要立即推动签单，不要给顾客思考顾虑的机会，这就是逼的意思。

第二，要把控主动权。"您看这样总行了吧？""您看今天能不能定下来？""您看看还有没有其他问题？""如果没有其他问题咱们就定了吧！"这些问题都非常容易让自己陷入被动。

第三，行动上同步逼单，一边说上面的话，一边拿出合同让顾客签字，或者引向财务交订金。

第四，顾客习惯性"担心、顾虑"，不要解释太多，避免跑题或者节外生枝，完全可以拍着胸脯说："您放心，到时候有问题，您直接找我，我一定给您负责到底！"其实，这就是用自己的信心去提升顾客的信心。

设计师

"快速逼单"具体怎么做?

宋老师

　　使用这个方法,必须同时满足两个条件:一是方案顾客满意了,二是顾客优柔寡断,你不逼他一下,他就会一直犹豫。

　　第一步,找个不被打扰的空间,面对面而坐,就你们两个人。

　　第二步,你可以说:"大哥,您都来了三趟了,前面的问题也都帮您解决了,今天咱们就把合同确定下来,然后我开始给您进行具体的设计工作!"说完话,把订单和笔在他面前一放,静静地看着他,千万不要说话,用沉默的压力逼他一下。

　　第三步,如果他提出问题,要简单扼要地快速解决,不能拖拉,然后再静静地等他签字。请注意,此时谁先说话谁被动。

　　第四步,签字之后,要立即站起来握手,祝贺合作成功。

设计师

如果逼单失败,怎样才能争取他再回来?

宋老师

　　不管你是怎么逼单的,一旦失败,顾客多少都会有些尴尬的,此时需要做两件事情,一是询问顾客还有什么顾虑,然后针对性地解决再逼单;二是要打破尴尬的局面,争取顾客再回头。

　　怎么争取回头?

　　第一,要给面子,不要因为顾客没有签单而"一脸僵硬",那样顾客可能再也不会回来了。此时可以说一些给面子,又能救场的话,比如:"没关系,您再考虑考虑也是非常能够理解的。""您真是一位细心人,那就等下次方案调整好了再来定。"

　　第二,要给回头的理由,可以再次强调你留下的伏笔,对顾客说:"您放心,这两天我再好好想想前面那个问题,下次见面的时候我们一定给您一个满意的解决方案"。

◆ 在线互动 ◆

（针对本节内容，如有疑问，可通过"宋健个人微信"留言咨询，将在 48 小时以内得到答复）。

_____

_____

_____

_____

_____

_____

◆ 要点精炼 ◆

多次回头客，最后选择的不一定是最便宜的，也不一定是最好的，而是最能让他安心、放心的。

第六节　刚需型顾客：不要被"实用"误导了

谈单困惑：

很多刚需型顾客要求"装修简单一些，多做实用的柜子，不要太复杂！"可是，当我照做之后，顾客又说我的方案没特点，不个性。这种前后矛盾的顾客，怎么谈？

✦ 实战分析 ✦

怎么谈？只能说明你太老实，太容易轻信顾客的话了！为什么？

原因一：顾客告诉你"简单一些，不要太复杂"，很多时候是自我保护的表现，尤其第一次见面，顾客对你是有戒备心理的，担心你会想办法多赚他的钱，所以，便有意压低你对他的期望值！

原因二：由于经济能力有限，或者房子不大，顾客对美的追求便被压抑，设计上也不再奢望什么。

但当面对你的"简单设计"的时候，内心被压抑的需求便开始作怪，于是，嘴上说不出，潜意识中会有失落感，所以，认为你的方案没有特点也就很正常了。

原因三：从签单的角度来说，如果只是满足刚需型顾客"实用"的需求，你是很难从众多设计师当中脱颖而出的，怎么办？在"实用"之外，在不会增加多少预算的情况下，通过一两个亮点的设计，来满足顾客潜在的需求。

✦ 谈单思路 ✦

基础刚需型：

切入点一：讲实用	切入点二：讲节省	切入点三：兼顾美观
谈单要点： 1. 基本空间 2. 储藏功能 3. 美观功能	谈单要点： 1. 布局节省 2. 造型节省 3. 材料节省 4. 工艺节省	谈单要点： 1. 一个亮点 2. 色彩搭配 3. 软装搭配 4. 手段：造梦

思路分析:

1. 基础刚需型顾客大多属于首套房、小户型等对价格比较敏感的顾客。

2. 谈单主线: 以功能为主,怎样节省怎样做。

3. 由于经济薄弱,顾客对美的需求被压抑,如果帮助挖掘并满足,则是意外惊喜。

改善刚需型:

思路分析:

1. 改善刚需型顾客一般为置换升级的三房,有一定的经济基础,但实用仍是其主要关注点。

2. 物质基本满足,开始追求品位与档次。

3. 改善刚需型顾客开始在意自我实现,即通过外在物质的呈现来表达内心的某种情结或愿望。

◆ 答疑解惑 ◆

宋老师 实用,你能做得到,别人可能做得更好;节省,你的价格低,说不定别人更低! 所以,要想差异化谈单,还得在美观上做文章:基础刚需型,实用为主,兼顾美观;改善刚需型,美观和实用并举!

一提到美观,顾客就会顾虑价格,怎么办? **设计师**

宋老师

这是此类顾客正常的心理反应，但不能随便放弃，因为这是你和别人差异化的地方，也是顾客选择你的重要理由。

怎么做？此时要告诉顾客：美观就会增加造价，这是对设计的误解。其实，只要设计师用心一些，在不增加造价的前提下，还是可以实现他想要的美观的，比如墙面总要刷涂料的，彩色的和白色的价格没有多少区别，所以也就谈不上增加造价的问题。再比如，顶部做吊顶成本会高出很多，但是做一圈石膏线也会很美观，但又很便宜等，然后拿出两个代表性的案例给顾客看，让他明白美观并不意味着造价的增加。

设计师

对于基础刚需型顾客来说，哪些人引导美观和设计比较容易？

宋老师

这个问题非常好！有不少顾客，尤其年龄比较大的顾客，不管你怎么引导，都很难激起他们追求美观的欲望，那就只能刷墙铺地。

而真正能让设计师花精力去引导的人，往往是装修婚房的、知识层次比较高的、见多识广的年轻人，即便他们的房子比较小，小区档次也不高，但他们仍然希望把自己的小家弄得漂漂亮亮。

设计师

针对基础刚需型顾客，能设计的地方不多，怎样快速提升签单率？

宋老师

小户型顾客的谈单次数不能太多，两次就得敲定，因为可造梦的地方比较少，可留下伏笔的地方也不多，见上两次面你可能就没东西讲了，所以，第一次就要把梦造足，然后留下一个伏笔，争取签单；如果没成功，那第二次一定要敲定，解决上一次的伏笔问题之后，快速推动签单。

总之，小户型第一次见面一定要把梦造足，力求快而准，吊足顾客的胃口。

设计师

老师所指的改善刚需型顾客，就是第二套换房子的顾客吗？

宋老师

　　改善刚需型顾客主要是从经济能力和消费心理来定义的，包括两类情况，第一类是经过多年的经济积累，升级换一套大一点的、居住条件好一些的房子；第二类虽然是首套住房，但由于经济能力比较好，所以，购买的是一步到位的房型，或者是中高端楼盘。

怎样才能抓住改善刚需型顾客的心理？　**设计师**

宋老师

　　有些顾客在多年的积累之后，每天都在唠叨着"下一套房子一定要好好弄一弄"。而且，对于他们来说，第二套房子不只是一套房子，而是人生成功的阶段性标志，所以，设计师一定要通过设计来体现档次和品位，进而表达顾客成功的喜悦与满足，比如欧式的、轻奢的等，即便现代简约的，也要通过一定的色彩和造型来满足顾客的这一心理。

　　如果具体到空间，则以"面子为主，里子为辅"为设计原则，也就是说，公共空间的客餐厅一定要有设计感，而私密空间的卧室、卫生间，则可以实用为主。

针对改善刚需型顾客的"自我实现"，怎样引导和讲解？　**设计师**

宋老师

　　"自我实现"指的是看不到的、情感上的东西，是与顾客心灵共鸣的关键所在，首先，设计师要能够帮助顾客概括总结出他的情感诉求。

　　比如，有的顾客主动表示想要什么样子的，说明他有明显的情感诉求，但他自己比较模糊，只能告诉你一些零散的感觉而已，此时，设计师就要把顾客的这些感觉进行总结并升华到"自我实现"的层面，比如可以这样说："我明白了，您喜欢简单优雅的感觉，其实，您追求的是一种简单舒适放松的生活方式，这也正是很多现代人的追求，毕竟工作压力大，又见惯了奢华的、浮躁的东西，所以，便开始返璞归真，给自己一个舒适放松的家居私密空间，您说是不是？"

设计师

　　有的顾客好像没有什么情感诉求，那"自我实现"又该怎样谈？

宋老师

　　这样的顾客真不少，他们属于理性的、节奏比较慢的，或者内敛类型的，总之不善于表达，没有明显的情感诉求，此时，需要设计师从旁观者的角度去观察、去判断，帮助顾客发掘连他自己都没有想到的某种情感诉求，便可以一下子让他产生共鸣，从心底征服他。

　　比如可以这样引导："大哥，您有没有觉得客厅好像少了一点什么？"顾客肯定会问："少了什么呢？"你接过话题继续引导，对他说："您自己想想，整个客厅是不是没有灵魂，就像文章没有中心思想一样？"此时顾客会接着问你："那该加点什么呢？"

　　接着便可以进入正题了："其实，客厅一定要有灵魂，而这个灵魂就是主人想要表达的某种态度、思想或者境界等。恕我冒昧，经过这么长时间的沟通，我觉得您做事细致周密，有计划、有步骤，从不随意妥协，这说明您是一个有态度的人，有立场的人，您琢磨一下是不是？所以，如果我把您的这种态度融入客厅空间里，那岂不就有了灵魂？"

设计师

　　精装房顾客想做调整，但又不想花太多钱大改大动，怎么谈？

宋老师

　　精装房其实就是"刷墙铺地"的房子，很多顾客都不满意，一是施工质量的问题，二是个性化需求的问题。一般情况下，精装房改动的顾客也属于刚需型。

　　谈单的时候需要注意以下两点：一是改造方向上，多做立面改造，在原有墙面基础上做装饰，或者在局部的背景和灯光上进行调整；二是讲解的重点上，因为布局已定，不需要讲布局，只有造梦于立面和软装，所以，非常考验设计师的审美功底。

◆ 在线互动 ◆

（针对本节内容，如有疑问，可通过"宋健个人微信"留言咨询，将在 48 小时以内得到答复）。

_____

_____

_____

_____

_____

_____

◆ 要点精炼 ◆

顾客的需求分层级：第一个层级是具体明确的；第二个层级是零散模糊的；第三个层级则是他自己都不知道的。这三个层级，设计师满足的级别越高，就越能给顾客惊喜，就越容易签单。

第七节　享受型顾客：打动顾客要务虚

谈单困惑：
　　很多高端顾客该讲的都讲了，可就是打动不了他，总感觉和这类顾客的话题很难深入，更产生不了共鸣，有距离感，怎么办？

◆ 实战分析 ◆

　　对于中高端顾客出现这样的问题，具体原因如下：

　　原因一：顾客在隐藏自己。他们不会轻易地把自己的想法、观点告诉"外人"，尤其前两次见面，顾客会主动和设计师保持距离。

　　原因二：顾客在审视设计师。在最后做决定之前，顾客都会以审视的、考察的眼光看待设计师，甚至故意看你"表演"，这有可能是他们多年养成的决策习惯。

　　原因三：很多年轻的设计师，由于阅历尚浅，在思想和境界上与顾客不在同一个层次，听不懂，也接不住顾客深层次的话题，所以，很难产生碰撞与共鸣。

　　原因四：设计师把此类顾客等同于刚需型顾客，只注重务实，不懂得"务虚"对这类顾客的重要性，进而缺少引导与深入。

◆ 谈单思路 ◆

传统模式：

切入点一：品位档次　　切入点二：实用功能　　切入点三：效果保障

思路分析：

1. 该谈单思路主要以看得到的"实"的东西为主，对于见多识广的顾客来说，早已习以为常，没有新意。

2. 这些老生常谈的东西，你能讲得好，别的设计师可能讲得更好，所以，顾客感受不到你与众不同的"水平"，也就很难把房子交给你。

3. 对于材料、施工保障等方面，在谈单的前期没必要作为重点，也没必要多说，因为，此类顾客不会做无用功到处闲聊，在和你们公司谈之前，肯定是做过判断的。

务虚模式：

切入点一：
思想境界

切入点二：
生活品位

切入点三：
实用功能

思路分析：

1. 享受型顾客往往更加注重内在情感的外在表达，比如思想、境界、态度等务虚方向的。

2. 先从思想上引导并建立共鸣，就能抓住顾客的心，就能赢得顾客的赏识，自然也就拥有了谈单的话语权。

3. 此类顾客的谈单主线就是：由内而外，由虚到实；当虚的东西定好调子了，其他实的方面就好谈了。

✦ 答疑解惑 ✦

宋老师

　　刚需型顾客对空间的诉求往往是务实的，能够看得到的，而高端享受型顾客注重的则是看不到的内在的情感表达，所以，此类顾客谈单的切入点，要首先找到他的诉求是什么，然后，再在这个点上下功夫，才能达到事半功倍的效果。

设计师

　　很多享受型顾客不会主动说出他的想法的，该怎样才能找他们的诉求点呢？

宋老师

　　一个字，聊！
　　千万不要一上来就按照刚需型顾客的那套话术，对着户型图大谈优化和造梦，而是聊风格、聊人文、聊感觉、聊喜好等。即便谈功能，也要从功能聊到生活方式上来；即便谈布局，也要从布局理由谈到社交方式上来。总之，聊得多了，话题深入了，他的想法就会逐渐流露出来，你的机会也就有了。

设计师

　　顾客很能聊，也说了很多，怎样从那么多的信息中做判断呢？

宋老师

呵呵，这就要看设计师的阅历与能力了。

当然，宋老师也有一些方法可供参考，那就是逻辑倒推，什么意思?

首先，情感诉求基本上也就是生活方式的、处世态度的、思想境界的、某种愿望的，等等。比如，顾客喜欢线条明朗而又对称的设计，可以判断出他是一个有计划的人，有条理的人；然后，再看看他的穿着打扮，如果也是简单利索，没有个性化的东西，那就可以认定这个人严谨、有序、有态度、有立场，而且足够的自信。

于是，把上面的判断逻辑反过来，讲给顾客听，也就是情感诉求的引导了。

设计师

有的顾客的确层次很高，但我的阅历赶不上他，怎么聊啊?

宋老师

的确，有的顾客会主动告诉你他要表达什么情感，甚至该通过什么方式来实现都讲得很具体，这样的顾客已经达到精神层面的自我认知，但是，现实中能够懂他的人比较少。

设计师要从三个方面和顾客聊开：一是尽可能地参与话题，不需要全面参与，可以就某个自己能够参与的话题进行深入，切忌不懂装懂；二是要学会赞美，但此招是针对那些相对高调的人的，如果此人儒雅低调，则会招来反感，因为这样的人不喜欢，也不需要你的赞美；三是要学会做学生，不懂可以请教，在请教中参与，在参与中请教。

设计师

顾客的情感诉求找到了，那在方案讲解时怎样讲呢?

宋老师

怎样讲? 先盖帽!

什么意思? 比如，平面布局讲完了，接下来要造梦了，但是造梦之前要先从空间诉求和顾客情感表达上进行定位，可以先这样引导："从专业的角度来说，任何空间设计都有中心思想的，也就是空间诉求，然后才能展开具体的设计。比如您

宋老师

家的客厅，首先感觉上我会以优雅、精致、简洁为基调，再通过中式元素的运用，营造出江南白墙灰瓦的意境。为什么要如此立意呢？因为这正体现了淡雅的、内敛的生活态度。"

如果顾客没有提出质疑，或者追问："那具体该怎样设计呢？"就说明顾客和你有了心灵上的共鸣，接下来再进行造梦。

设计师

在讲解方案效果图的时候，又该怎样讲呢？

宋老师

其实，这和造梦的讲解是一个逻辑，只不过，前者是看不到的空间，后者是看得到的效果图而已，具体怎样讲，大家可以参考本书第一章"空间讲解"的内容。

设计师

刚需型顾客的"自我实现"讲解也是务虚的，和本节享受型顾客的讲解方法是不是一样的啊？

宋老师

从讲解内容上来说，的确有类似之处。

但是讲解的逻辑顺序则是不同的，因为"实用"是刚需型顾客的关注重点，所以，一定要先把平面布局的实用性讲完了再讲"自我实现"，此时讲务虚的内容只是谈单的需要，不一定是顾客的核心关注点。

但是享受型顾客就不同了，他们的核心关注点不是实用，而是情感的表达，所以，要先务虚，先对空间进行定位，先明确顾客的情感方向，然后再谈具体怎样设计。

✦ 在线互动 ✦

（针对本节内容，如有疑问，可通过"宋健个人微信"留言咨询，将在 48 小时以内得到答复）。

_____

_____

_____

_____

_____

_____

✦ 要点精炼 ✦

你有什么样的阅历，你就能对接什么层次的顾客。所以，要学会"玩"，不要一年到头只画图，留出一些时间，不读万卷书，也要"行万里路"。

第八节　报价策略：这样报价不死单

谈单困惑：
最怕的就是报价，不报价，顾客走了；报价吧，顾客也没成交，每天都是价格问题，弄得我们都怕了！

◆ 实战分析 ◆

一报价就死单，都怕了？主要是以下原因导致的：

原因一：设计师不懂顾客心理，甚至认为顾客在价格上"找茬"，于是自己吓自己，谈价格色变，这种被动的逃避心理，只能是，你越是担心什么，就越来什么。

原因二：由于方法的缺失，面对要价，屡战屡败，越来越没有信心，就越来越担心价格问题，进入恶性的心理循环。

原因三：由于缺少专业的沟通技巧，靠自然性的销售，不知利害地随便说、随便讲，于是，在报价上自找麻烦。

原因四：不考虑顾客承受力，要什么给什么，结果造价过高，谈单失控，最后，顾客不会怪自己做的东西多，只能怪你的价格太贵了。

◆ 谈单思路 ◆

主动报价思路：

主动避免：自找麻烦	主动避免：造价失控	主动做好：过程报价
顾客交订金之前，对顾客说"过两天给您方案和报价"就是在给自己找麻烦。	顾客要什么都答应着，该压缩的不压缩，最后造价过高，谈单失控。	以空间为单位进行过程报价，既是试探，又是在降低顾客的价格敏感度。

思路分析：

1. 对于报价，很多人只懂被动应对，没有主动思维，这是报价被动的主要原因。

2. "避免自找麻烦"是指不要说错话，让自己陷入被动。

3. "避免造价失控"是指要根据顾客的经济情况来控制预算，否则造价失控，签单就很难，这是谈单的基本原则。

4. "过程报价"是一种报价技巧，也是主动出击的方法。

被动报价思路：

第一步： 先做回应不纠缠	第二步： 反问主材引思考	第三步： 范围报价快转移
不要被顾客的习惯带偏了，更不要钻进没有意义的死胡同。	反问顾客主材的选择，引导顾客思考，变被动为主动。	范围报价之后，快速把顾客引导到自己的方向上来。

思路分析：

1. "三步报价"是针对顾客问价，设计师被动报价的步骤和方法。

2. 销售做的是概率，每一步都在争取一定概率的可能，所以，在面对顾客的问价时，要一步一步地试探与推进，以争取对自己有利的谈单局面；如果一步到位，就会陷入被动境地。

3. 报价不是简单的一问一答，而是主动与被动之间的互换，需要方法与话术。

◆ 答疑解惑 ◆

宋老师

谈单是双向的，讲究局面对谁更有利。

尤其是价格，设计师不能只是被动接招，而是要有主动意识，在顾客提出价格之前，先营造对自己有利的价格局面，这才是应对报价的上策。

我问顾客的预算，顾客不回答，怎么办？ **设计师**

宋老师

很多设计师一上来就问："你的预算是多少？打算花多少钱装修？"大家想一想，如果换做自己，你怎么回答？首先，顾客的预算有时候自己心里都不清楚，怎么回答你？即便预算明确，也不能告诉你呀，否则，后面的价格还怎么谈？

所以，这就是习惯性的废话，每天挂在嘴边，这是在给自己找麻烦，不信？你话音还没落，顾客是不是就开始反问："那你看我的房子装修下来要花多少钱？"看看，跳进自找麻烦的坑里了吧。

设计师

面对报价，怎样避免自找麻烦呢？

宋老师

首先，不要太着急询问顾客的预算，因为你问顾客，顾客会反过来问你。

第二，比如量完房告别的时候，很多设计师习惯性地说："过两天我把方案和报价做好了，您来店里我们再详谈"，你说得很随意，但是顾客却记住了"报价做好了"，到时候不追问你报价才怪呢！

第三，避免顾客给自己找不必要的麻烦，比如约定下次看方案的时候，很多顾客会说："这两天请把方案和报价做好了，我要快点定下来"，于是你就不假思索地回答："好的，没问题"，你想想，方案都没定下来，你怎么给报价，这不又是在给自己找麻烦吗？

所以，设计师要在顾客说这句话之前先打预防针，你可以这样规避："大哥，这几天我抓紧把方案再调整一下，不过下次见面的时候您可不能一上来就向我要报价哦，毕竟方案还没定下来就给您报价，这也太不靠谱，您说是不是？"这样一来，至少可以降低顾客追着你要报价的急躁感。

设计师

顾客想要这个，想要那个，怎样控制造价呢？

宋老师

很多设计师思维简单，只考虑满足顾客的需求，不考虑能不能签单，签单的难度有多大！顾客要这个，要那个，是人之常情，没什么可抱怨的，但需要设计师根据顾客的经济承受能力进行把控。

比如，顾客是首套房，60多 m²，基本可以判定属于基础刚需型，消费能力有限，就不能要什么给什么，要想办法降低总体造价。比如，需要改变户型的，可以建议顾客自己找人拆墙、砌墙，既降低了顾客的费用，又降低了方案造价。再比如，柜子需求很多，可以建议购买品牌店里的成品柜子，毕竟衣柜品牌很多，既美观又经济；再比如，厨房卫生间的墙面可以用瓷片换瓷砖等。

总之，就是想办法降低方案的造价，目的只有一个：签单。

过程报价是什么意思？具体该怎样报？　　**设计师**

宋老师

方案很满意，可是一报价，顾客吓一跳，签单搁浅了。

出现这样的情况，主要是因为设计师在讲方案的时候，尤其是在空间造梦的过程中没有主动进行价格试探，没有让顾客有个心理准备。

具体怎么做呢？那就是切割式过程报价。

举个例子，你正在对客厅进行空间造梦，电视背景讲完了，顺带说上一句："您琢磨一下客厅是不是一下子就有了品位与档次？而且，价格也不贵，我估摸着也就 8000 元左右"；再比如，整个空间的造梦讲完了，顺带来一句："如果按照刚才我说的来做，可以说既美观又实惠，比如整个客厅也就差不多 1.5 万元左右"，说完这话，你发现顾客没有质疑，甚至点头，就说明这个价位顾客是能接受的。然后，在和顾客确认方案的时候，每讲完一个空间都报一下价格，当最后报总价的时候，顾客也会心里有底，不至于吓一跳。

"被动报价"第一步的"先做回应"是什么意思？　　**设计师**

宋老师

请注意，我讲的是"回应"，不是"回答"。

举个例子，顾客问："我家装修大概要多少钱啊？"你可以这样回应："大哥，您真是急性子人哦！上次您说家里再加两个柜子，具体是在什么位置呀？"看看，我没有回答报价，而是以一句"你真是急性子人哦"作为回应，然后话锋一转询问其他话题，这就是回应。

为什么是"回应"，而不是"回答"？

首先，顾客一上来问价格，往往是购买时候的习惯语，口头禅，可能只是随口一说，所以，你就没必要去接这个话题了。

第二，大家一定要记住"价格对于卖方来说，永远都不是一件好事情"，因为，过早纠缠价格，会影响气氛，造成尴尬，下面事情就难谈了；即便晚点谈价格，顾客仍然会和你纠缠贵不贵的问题。所以，设计师要做的就是满足需求，塑造价值，这才是对自己有利的方向。

那"价格纠缠"又是什么意思？又该怎样做？

设计师

宋老师

何谓"价格纠缠"？举个例子，面对你的报价，顾客说："你们报价怎么比别家高这么多啊！"听到此言，你肯定不服气吧，然后开始反驳和解释："比别家？您所指的是哪家？""那别家的报价是多少？""我们的报价算是低的了，其他家不可能比我们家低的""我们用的都是品牌的环保材料，毕竟一分钱一分货。"等。

类似的回答都是在纠缠价格本身，容易陷入尴尬，把话说死，影响接下来的沟通，即便你把材料全部给他们看了，其实也解决不了问题，所以，干脆策略性地转移话题，转移到当前需要沟通的话题，转移到不会造成死胡同的话题。

第二步的"反问主材引思考"是什么意思？怎么做？

设计师

宋老师

　　你做了第一步的引导，但顾客再次向你要报价，说明顾客不是无所谓地随口一说，而是比较在意的，此时，先不要直面回答，而是把问题推给顾客："大哥，我想请问，您家里是想全部用木地板还是瓷砖？""不知您有没有看中的品牌或者款式？"

　　顾客如果说还没有，那你就借此语重心长地说："大哥，您可真是为难我了，您连主材瓷砖还都没有明确，就问我报价，您说您让我怎样给您报价啊！其实，设计的流程是这样子的：第一步，我们先把平面布局确定下来，第二步在平面布局的基础上确定空间效果图。等这些都明确了，我才能给您出报价，否则，我现在就脑袋一拍给您报价，您觉得这靠谱吗？所以，咱们还是尽快先把方案定下来再说，您说是不是！"注意，只要顾客没有反驳，就快速转移至其他话题。

　　大家可以按照上面的话术来说，既可以扭转被动局面，又能成功破解报价的问题。

设计师

　　第三步的"范围报价"大家都知道怎么做，但是"快转移"又是什么意思？

宋老师

　　你做了第二步，顾客坚持向你要报价，说明这个顾客的预算有限，或者是来对比价格的，所以，你就给他一个报价，毕竟事不过三。

　　不过，要进行范围报价，可以这样说："既然您坚持要报价，那我也只能给一个范围的预算，大概是 18 万～ 25 万元"，请注意，报完价千万不要停下来，要把顾客的焦点转移到其他话题上来，比如立即跟上一句："大哥，刚才您说背景您想做一幅山水画，不知您说的是什么样子的山水画？"这就是快速转移，目的是把顾客引导到对自己有利的方向上来，否则，你们很可能进入没有意义的"贵不贵"当中。

设计师

　　宋老师的方法很好，不过我还是担心一报价把顾客吓跑了，怎么办？

宋老师
如果你还担心的话，那就采取间接报价法。

你可以这样说："您非要报价，您家的方案又没有定下来，那我也只能给您一个和您类似户型的参考价格，您看，这是你们小区同户型的方案，价格 21 万元，不过，这是根据他家装修方案而报的价，您家具体多少钱，还要看具体方案和设计。"

这个方法，就是通过其他客户的案例，提供给顾客装修预算的参考，比如可以多找几家，什么价格是中档，什么价格是高档，什么价格是低档，给顾客一个参考值，这样顾客就不会被吓跑了。

✦ 在线互动 ✦

（针对本节内容，如有疑问，可通过"宋健个人微信"留言咨询，将在 48 小时以内得到答复）。

✦ 要点精炼 ✦

对于卖方来说，价格永远都不是好事情；所以，回应价格之后，要快速把顾客引导到对自己有利的方向上来。

第五章

顾客把控——别再被顾客带偏了

第一节　面对顾客没气场？快速提升靠方法

谈单困惑:

我性格内向，谈单的时候气场不足，有时候还被强势的顾客压着走，结果本该讲好的也没讲好。像我这种情况，该怎样提升自信、提升气场？

✦ 实战分析 ✦

设计师谈单气场不足，主要是以下原因造成的:

■　原因一: 性格柔弱

先天加后天的影响，说话做事没态度、没立场，缩手缩脚，甚至优柔寡断，不敢担当

■　原因二: 不够自信

因为不够专业，所以不敢讲；因为不敢讲，所以讲起来不自信，尤其遇到层次比较高的顾客，或者比较强势的顾客，不自信就会更明显

■　原因三: 缺少锻炼

与计算机打交道太多，与人打交道太少，缺少锻炼与积累，这是设计师工作特点而造成的，设计师要有意识地增加与人打交道的机会，多琢磨与顾客之间的沟通方法，否则，只能一辈子与计算机打交道。

■　原因四: 缺少方法

先天不足，后天来补，一个人的气场可以通过一定方法训练来提升的。但是，很多设计师缺少具体的训练方法，于是把气场这笔账全部算在了性格的身上。

✦ 谈单气场 ✦

环境气场	姿态气场	语言气场	心态切换	实力准备	专业流露
专门的环境 专门的方式 专门的道具	专业的形象 力量的传递 讲解的站姿 沟通的坐姿	声音的高低 语言的节奏 语言的方式 语言的信心	三不怕 当老师	自我修炼 内部通关	手绘功底 专业术语 专业知识 市场把控

"气场"提升计划表

提升项目		主要内容	一周做到	一个月做到	三个月做到
环境气场	专门的环境	不被打扰的、专门的讲解沟通空间			
	专门的方式	文案准备，PPT 准备			
姿态气场	专业的形象	留下一个印象，看上去像设计师			
	力量的传递	握手有力，眼神坚定			
	讲解的站姿	站着讲 VS 坐着讲；前面讲 VS 座位讲			
	沟通的坐姿	可进可退的坐姿			
语言气场	声音的高低	提高声音是提升气场最容易的方法			
	语言的节奏	轻重缓急，讲设计重而慢，讲常识轻而快			
	语言的方式	从顾客的角度改变语言习惯			
	语言的信心	避免负面语言，敢于说"不"字			
心态切换	三不怕	不怕出错，不怕质疑，不怕问价			
	当老师	不把顾客当上帝，而是当学生			
实力准备	自我修炼	先讲给自己听听怎么样			
	内部通关	再讲给业务员听听怎么样			
专业流露	手绘功底	当场给顾客露一手			
	专业术语	给顾客解释专业术语			
	专业知识	讲工艺像说绕口令一样熟练			
	市场把控	比顾客还了解他们小区的市场情况			

◆ 答疑解惑 ◆

宋老师

谈单谈的是"气场"。

宋老师给出了六个方面提升气场的方法，并通过表格的方式列出了提升计划行动表，希望大家根据自己的情况在表格里打钩。能立即做到的，就立即改变；如果需要学习的，那就选好目标项，然后用一个月去完成；如果感觉难度实在大的，那就用三个月去提升。

总之，立即行动起来，先从表格里的选项打钩开始。

设计师

宋老师，"专门的环境"具体什么意思？

宋老师

什么意思？就是形式比内容更重要。

给顾客讲方案的时候，不能再随意安排在你的计算机旁，要找个专门的、不被打扰的、充分准备的空间，然后，你讲他听，你就能找到主角的感觉，你的信心和气场自然也就不一样了。

设计师

那"专门的方式"是什么意思，又该怎样做？

宋老师

很多设计师在计算机里啪嗒啪嗒地点，顾客跟着鼠标晕晕乎乎地看，有时候切换太快计算机还死机，于是，你随随便便地讲，顾客就随随便便地看，结果可想而知。

怎么做呢？如果是谈单前期，就把平面图打印出来，对着平面图讲，顾客看得清楚，你也容易把控；如果是后期看效果图，那就用PPT幻灯机或者大电视，这样才能找到空间的感觉呀。当然，最好再加上一本装订起来的"方案书"，那就更有分量了。

设计师

"姿态气场"中的"力量的传递"是什么意思？

宋老师

气场是一个人的有形力量和无形力量叠加起来的一种感觉，而这种感觉很大程度上又受第一印象的影响，比如第一次接触握手的力量感，有人只伸出四个手指，轻轻地触碰一下，对方收到的信号便是虚弱的，不踏实的，甚至还会认为你没有诚意，不重视他，那么接下来的谈单便可想而知了。

所以，培训的时候，我经常要求设计师们，见到顾客立即起身，主动伸出有力的手掌，用点力，晃三下，先给顾客一个踏实感。

当然，这个方法也可以反过来思考，如果和顾客谈完之后握手告别的时候，顾客只伸出四个手指头和你"点一下水"，那就说明顾客可能没看上你，所以，也就没必要再向你发力了。

设计师：“力量的传递”该怎样训练?

宋老师：你有信心，顾客才有信心;你相信了，顾客才会相信。所以，当你讲到关键处的时候，一定要用坚定的眼神传递你的信心。比如，和顾客对视一下，当然时间不超过 3 秒钟，否则就会出现尴尬;如果对方是异性，不好意思对视，那就看眉宇之间，则可以避免尴尬。

怎样让眼神坚定呢? 宋老师的方法是:对着某个东西放空凝视 10 分钟，每天反复练习，两个星期下来，你就不一样了。

设计师：“沟通的坐姿”怎样才能对气场有帮助?

宋老师：坐姿直接关乎着一个人的气场，比如“坐如钟”，讲的就是稳的气场。

谈单，讲究进退，要通过坐姿来实现你的进退。首先，不管男女最好只坐半个凳子，尤其男性，双腿分开，双臂张开，有了架势也就有了气势。当要说服对方的时候，身子就向前倾，也可以把胳膊肘靠在大腿上或者桌子上，这样可以拉近与顾客的距离，方便情感互动。但是，当你倾听的时候，或者需要思考的时候，或者需要拒绝对方的时候，身子则要往后面一靠，既能休息一下，也能表示你的态度。

设计师：“声音的高低”怎样营造气场?

宋老师：很多学员经常抱怨:宋老师，我也想讲起话来抑扬顿挫有气场，可是，这对我来说实在太难了! 是的，想改变一个人的语言习惯确实不容易，至少短时间之内比较难。所以，我给大家一个最容易做到的方法，那就是:提高音量，别再像“苍蝇一样嗡嗡”的没感觉。

设计师

"语言的节奏"具体怎么把控？

宋老师

　　语言的节奏就是所谓的抑扬顿挫，轻重缓急，是短时间很难改变的，但是也有一些简单的方法，比如，讲到设计理念等重点内容的时候，声音就要重而慢，这样既能凸显重要性，又给顾客思考吸收的时间；当讲到常识性内容等非重点内容的时候，声音则可以轻而快，一带而过。

设计师

"语言的方式"是什么意思？

宋老师

　　此处的语言方式，主要是从顾客接受度来谈的，因为我发现很多设计师，不管什么情况都是一个口头禅"我认为应该怎么样""我觉得应该怎么样"，试想，如果对方是一个比较有主见的顾客，他就会产生"凭什么你认为？""凭什么你以为？"的心理，这就是不恰当的语言方式带来的抵触情绪。

　　怎么办？可以换成"之所以这样设计，是因为您之前强调过……""之所以改成这样，是因为您……"也就是说，把你认为的原因变成顾客的需求，味道和结果也就不一样了。

设计师

"语言的信心"又该怎样传递？

宋老师

　　谈单首先是信心的传递，可是很多设计师不分对象、不分场合地满嘴"大概""可能""也许""不一定"，这种不确定的语言只能让顾客更加地犹豫徘徊，所以，当你讲述观点的时候，当你需要表态的时候，切忌出现这样的习惯语。

　　非但如此，设计师还要学会说"不"字，比如你发现顾客提出的修改建议是错的，你就要敢于说"不"，然后用你的专业，从顾客利益的角度给理由，此时的顾客一定会认为你是专业的、有立场的、值得信任的。

> **设计师**
>
> "三不怕"的"不怕出错"是什么意思?

宋老师

　　不怕出错,就是不要怕讲错,当然,我这里不是鼓励大家去犯错,而是让大家更大胆、更放开地去讲,然后才有气场!

　　为什么不要怕出错,因为绝大多数顾客是业余的,而且设计本身就没有绝对的对与错,所以,尽管大胆地去讲,当你放开之后,你的气场会将你的设计展现得更好。

> **设计师**
>
> 怎样才能在顾客面前"当老师"?

宋老师

　　宋老师有一个观点:"不把顾客当上帝,而是当学生。"为什么要这样做?

　　你想想,当你把顾客当上帝的时候,你肯定仰视他,如此一来,讲什么都小心翼翼,该讲的都没讲好,信心降低,气场被压抑,所以,方案讲解的时候,要切换心态,当一回老师,把顾客当学生,就当是给学生上一堂"装修设计"的课程。

> **设计师**
>
> "自我修炼"和"内部通关"又是什么意思? 具体怎么做?

宋老师

　　培训的时候我经常问大家:"两个小时之后顾客来看方案,你现在要做什么?"很多人回答"看看方案哪里有问题,再优化优化",我的回答是:"大错特错!你不应该再去修改方案,而是要想一想这个顾客该怎样谈,切入点是什么,重点是什么,顾客可能会提什么问题,又该怎样应对等"。

　　所以,谈单之前,设计师要先把这些问题弄明白,这就是先"自我修炼",如果是重要的顾客,最好先在内部讲一遍,如果自己人都没通过,那就不要拿顾客当靶子了。

"手绘功底"和"专业术语"我们都懂，但"专业知识"这么多，该怎样才能露一手？　**设计师**

宋老师　　设计师的专业性最好要不经意间地流露，这样才能增强信服力。比如量房的时候，现场秀一下你的手绘功底；比如顾客问你为什么某个部位没有设计，你可以秀一下专业术语："这是我专门留白的"；再比如，讲到材料工艺或施工的时候，你可以像说绕口令一样，一口气把某项工艺讲完，虽然顾客没听明白，但却明白了一个最重要的事实，那就是"设计师太专业了，连产品工艺都这么熟悉"。

"市场把控"什么意思？　**设计师**

宋老师　　"市场把控"就是你比顾客还了解他们小区。
　　比如，他们小区哪些是动迁房，哪些是商品房，有哪些房型，你在里面服务过哪几个顾客，小区里发生过哪些事情，不同房型的钢筋有什么不一样，楼板厚度有什么区别等，如此一来，顾客一定会想"这个设计师太厉害了，对我们小区这么了解"，于是，对你的信任感一下子就增强了很多。

顾客有的气场强，有的气场弱，这该怎么办？　**设计师**

宋老师　　请注意：设计师的气场要知进退，遇到强的，你要适度示弱，但也不能低三下四，要不卑不亢，如果你不甘示弱，就有可能僵局吵起来；如果遇到弱的，就要强一些，用你的气势赶走他的优柔寡断。
　　不过，不管顾客强势还是弱势，当你要表达立场的时候，讲解专业的时候，一定要用你的气势来表明态度，传递坚定的信心。

✦ 在线互动 ✦

（针对本节内容，如有疑问，可通过"宋健个人微信"留言咨询，将在 48 小时以内得到答复）。

_____

_____

_____

_____

_____

✦ 要点精炼 ✦

人与人之间的区别不在于知道了多少，而在于做到了多少；你学了那么多方法，做到了多少呢？

第二节 "实力介绍"没有用？该换个方法讲解了

谈单困惑：

公司实力是方案讲解的必要内容，但是，不管我怎么讲，顾客都提不起兴趣，甚至还没讲完，顾客就不耐烦地打断说"这个跳过去，先讲方案吧！"

✦ 实战分析 ✦

不讲，内容缺少了；讲吧，好像又没什么用。

这就是大家对公司背景、个人介绍、施工保障等"实力"讲解的感受。为什么会出现这样的结果？原因有三：

原因一：方案没有确定之前，顾客关注的焦点是方案本身好不好，有关"公司实力"的问题，顾客或者前期已经有所了解，或者等到方案确定之后再去关注，所以，面对"实力"的讲解一般都会"心不在焉"。

原因二：面对"公司实力"的讲解，顾客会用"自卖自夸"的想法去质疑你，而且，你讲得越多，顾客的抵触心理就越强，所以，听下去的耐心也就没有了。

原因三：设计师的讲解方式有问题，大家都是在"一厢情愿"地自说自话，没有抓住重点，更没有讲到顾客的"点子上"。

下面的"话术对比"给出了两个话术模板，请大家对照参考。

✦ 实战讲解：企业实力介绍 ✦

讲解话术一

大家在选择装修公司的时候，都比较在乎一个公司的实力和口碑，下面就请了解一下我们公司的实力：

我们公司创立于 1998 年，是 ×× 市前三甲的装修公司，目前公司在 ×× 市的门店有30 多家，员工超过 2500 人……

公司创始人是……

我们公司的理念是……

你看，这是我们公司的资质与证书……

和其他公司对比下来我们有五大核心优势……

本店设计师团队 46 人，其中有 10 年以上经验的总监级设计师 25 人……

您看这是我们对装修材料的保证……

您看这是我们公司的施工规范……

讲解话术二

您肯定发现，不管买什么东西，人们越来越喜欢选择大品牌、大公司的产品，其实，这主要是人们想买个安心、买个放心。比如对于装修公司来说，品牌越大，公司实力越强，就意味着品质和服务就越有保障，就会越让人放心，所以，您在选择装修公司的时候，不但要看方案好不好，还要看公司实力与口碑好不好，您说是不是这个道理。

那么，我们公司到底怎么样呢？请看这是我们公司的情况介绍……（不要一字一句地念出来，而是引导顾客浏览 PPT 内容，只做纲要性的介绍，一张 PPT 的时间不能超过 10 秒钟）

（快速浏览之后，最后做总结性的重点讲解。）由于内容太多了，我就不详细解读了，不过我自己做了一个总结，其实我们公司可以概括为三点，第一……第二……第三……（总结性讲解时，最好一个点用一句话表达清楚就可以了，这样顾客才能记得住，否则，展开太多，又会产生"王婆卖瓜"的感觉）

✦ 实战讲解：施工保障讲解 ✦

讲解话术一

家居装修有句话叫作"三分方案七分施工"，讲的就是施工质量的重要性，下面请看我们公司的施工保障：

首先，请看我们的施工流程……

第二，这是我们公司的施工管理规范……

第三，请看这是我们对工人的上岗培训……

第四，更重要的是，我们公司所用材料……

第五，您看这是我们的主要案例……

……

这就是我们公司的施工保障，不知您还有没有什么问题？……

讲解话术二

关于施工，每家公司都会说自己的好，其实，只要您选择的是大一点的装修公司，施工都是有保障的，毕竟一个公司之所以能够发展壮大，装修质量肯定是过关的，所以，这方面的问题您大可不必过分担心。

您看，这是我们公司的施工规范（让顾客简要浏览一遍之后，快速转移话题），内容太多了，我就不做详细解读了，不过，您之前关注的那两个施工问题，我们是这样做的……（重点讲解与顾客有关的，打消顾虑）

（讲完之后）到时候，这两个问题我一定现场指导施工，确保装修质量！您看，这是我在你们小区现场指导施工的照片……（眼见为实，放下顾虑）

✦ 答疑解惑 ✦

宋老师

公司实力、个人介绍、施工保障的讲解，是提升顾客信心必不可少的部分，但是，大家"自说自话"流水账式地讲解，有时候连自己都觉得不耐烦、没有用，不但没有提升顾客的信心，反倒招来质疑。

设计师

是的，公司要求我们讲解方案前必须先介绍公司、宣传公司，每天都在流水账式地讲解，感觉真的没有用。

宋老师

怎样才有用？

"公司实力"的讲解逻辑应该包括三个部分：

第一，不要一上来就自卖自夸，而是先解剖选购大品牌"安心放心"的本质，以巩固顾客的选购立场；同时，获得顾客的认可，建立共识，拉近关系。

设计师

为什么只是让顾客浏览，这样讲是不是太简单了？

宋老师

这就是"公司实力"讲解的第二部分内容，即快速浏览，留下印象。

请注意，如果详细解读，顾客要么记不住，要么不耐烦，所以，只要给顾客留下一个"丰富"的印象即可。

设计师

可是，快速浏览顾客没记住东西，达不到宣传公司的作用啊！

宋老师

别着急！重点在第三部分：从顾客的角度讲重点。

"公司实力介绍"的目的是提升顾客信心，所以，要从顾客最关注的问题总结出公司的三大优势，请注意，超过三点抓不住重点，顾客记不住，比如你可以这样说："这么多内容，

宋老师

其实，我概括下来就三点，第一，我们是 ×× 市前三甲装企单位；第二，我们公司在 ×× 市有 ×× 家连锁店，第三，我们的施工是全国一家通过 ×× 认证的"。

有了这三点，顾客的信心有了，你讲解的目的也就达到了。

那施工保障方面该怎样讲解呢？ **设计师**

宋老师

关于施工保障、售后服务之类的内容，请大家记住三句话：

第一句：只要是大品牌、大公司，售后都是能够有保障的，所以，您大可不必过分担心。

第二句：您看这是我们的施工保障……（快速浏览，留下一个规范的、丰富的印象即可）

第三句：不过，关于您比较关注 ×× 问题，我们是这样做的……您看，这是我们具体施工时候的照片……

宋老师，您的第一句话有点不合适吧，这是不是会让顾客选择其他大品牌啊？ **设计师**

宋老师

哈哈，我能理解你的想法。

但是，大家有没有发现，当你一上来就讲自己怎么好的时候，顾客是不是将信将疑？所以，与顾客沟通，不在于讲什么，而是顾客信不信。

所以，建议采取以退为进的讲解策略，先降低姿态，通过"行业公道话"的方式，既可以获得顾客的认可，又为接下来的讲解做好铺垫。

我明白了，宋老师的重点在第三句话。 **设计师**

宋老师

是的，这和"企业实力"的讲解是一个道理。

第三句话是把讲解的重点集中到顾客关心的问题上来，这样讲解顾客才有兴趣听，才能真正化解顾客对售后施工的顾虑。

这就是针对顾客需求讲解，否则，泛泛的什么都讲，一定会事倍功半。

◆ 在线互动 ◆

（针对本节内容，如有疑问，可通过"宋健个人微信"留言咨询，将在 48 小时以内得到答复）。

_____

_____

_____

_____

_____

_____

◆ 要点精炼 ◆

你越是急于说服对方，就越是说服不了对方，因为，你发力越大，对方给你的反作用力就越大，所以，像"太极"一样，以退为进，效果会更好。

第三节 跟不上你的节奏？你没有把顾客带入频道

谈单困惑：

讲解方案的时候，顾客跟不上节奏，你讲东，他想西，有时候都快讲一半了，顾客却突然问："这是哪个房间？"大大降低了方案讲解的效果，怎么办？

✦ 实战分析 ✦

面对设计师的方案讲解，顾客跟不上节奏，主要有以下几个原因：

原因一：顾客还没有进入你的频道，还没有进入状态，你就开始方案讲解，于是，你讲你的，他想他的，自然跟不上你的节奏

原因二：顾客忘了之前自己提过的需求，所以，在没有心理准备的前提下就看方案，感觉突然，很难一下子就接受，所以，一看到方案就质疑否定。

原因三：讲解环境过于开放、嘈杂，顾客容易被打扰，无法集中精力听讲，也就跟不上你的节奏

原因四：讲解语言缺少带入感，语气、节奏缺少吸引力，顾客容易走神

原因五：语言的逻辑性差，抓不住重点，反复绕来绕去，有时候设计师自己都觉得有点乱，顾客自然也就听晕了。

✦ 实战讲解 ✦

讲解话术一

设计师：今天我们要沟通的方案内容主要包括三个方面，第一是平面布局，第二是空间设计构思，第三是空间设计难点。

首先，我们先来看平面布局，请看，这是您家的户型布局图：

一进门，左手边是鞋柜……

接下来是入户玄关的位置……

客厅我进行了布局优化，您看……

餐厅我建议……

顾　客：等一下，前面你讲的进门的鞋柜，我觉得不太合理，我觉得可以这样做……

设计师：好的，那我改一下。

顾　客：客厅里的储物柜放在哪里了？

设计师：您看，在这里。

顾　客：这样柜子太多了，不会太拥挤吧！还是少做一些吧！

设计师：可是，您之前强调过要多做储物柜的！

顾　客：这个我想想再定吧。

设计师：好的，接下来，客厅和厨房之间换成玻璃墙，这样就可以一边做饭一边看小孩了……

顾　客：啊！要拆墙啊？这个就没必要了。

讲解话术二

设计师：在讲平面布局之前，我们先来确认一下您的需求，首先，经过前面两次的沟通，我汇总了您的设计要求，具体如下：

（1）客厅需要独立的收纳空间。

（2）餐厅需要独立的收纳空间。

…………

您再仔细想一下，是不是这五点要求？

顾　客：是的，没错。

设计师：另外，针对您的家庭成员结构等情况，我又发现了几点您可能没有发现的需求，您看：

（1）您的小孩喜欢玩游戏，我们能否考虑他的娱乐空间？

（2）老人在厨房做饭看小孩不方便，能否考虑做半开放式厨房？

（3）每次洗完澡洗手间总是湿漉漉的，能否设计独立的淋浴房？

…………

顾　客：嗯，这几点我真没想到过，真的让你费心了。

设计师：别客气，这是应该的。那这几点您要不要设计进去呢？

顾　客：先设计进去吧，感觉还是需要的。

设计师：好的，下面再来看我对您家设计的整体思路……

顾　客：明白了，不过具体会设计成什么样子呢？

设计师：具体什么样子？那下面就请您先浏览一下布局图，有点感觉，然后我再给您详细讲解。

顾　客：好的！（顾客开始琢磨布局图，一边看一边皱眉头，好像看不明白，胃口也就被吊起来了，注意力也就集中起来了，浏览时间不能超过两分钟，然后一个空间一个空间地展开讲解）

◆ **答疑解惑** ◆

宋老师

顾客跟不上你的节奏，原因有很多。

但如果一开始就不在状态，往往是顾客还没有进入你的讲解频道，所以，不要一上来就直接讲解方案，而是先进行需求分析，吊起顾客的胃口，把顾客带入状态。

设计师

可是，有的顾客赶时间着急看方案，需求分析还要讲吗？

宋老师

谈方案有一个原则：不能跟着顾客走，更不能被顾客带偏了，要按照自己的套路和节奏来，这样才能对自己有利。

试想：如果一个顾客真的着急得不得了，估计哪怕都走到半道上了，他都会取消这次见面；只要来了，他肯定估算好了时间，所以，千万不要被顾客的节奏打乱了你原有的计划，否则，这次着急忙慌没谈成，以后的时间就更难"赶"了。

只不过，考虑到顾客急躁的心理，需求分析的时候不要展开太多，要抓住重点，只要能把顾客带入状态就可以了。

设计师

顾客需求分析的讲解，我们公司有固定的模板，不知宋老师有没有更好的方法？

宋老师

需求分析的内容前后交叉性比较多，很容易绕来绕去，反复重复，把顾客讲糊涂，所以，我建议按照如下步骤讲解：

第一步，需求重申确认

第二步，指出潜在需求

第三步，户型诊断优化

第四步，需求总结

设计师

宋老师，第一步的"需求重申确认"怎样讲？

宋老师

"需求重申确认"指的是顾客之前主动提出的需求，讲解注意事项如下：

1. 只做重申和确认，提醒顾客这是他提出的需求，你后面的方案是根据他的需求而来的，不是凭空的。

2. 只做逐条罗列，不做过多分析，避免啰唆，因为之前肯定反复讨论过了。

3. 逐条讲解之后，最后要向顾客确认还有没有其他需求或者变化，避免因为需求变化而带来的方案错位问题。

设计师

第二步的"挖掘潜在需求"什么意思，具体怎样讲？

宋老师

"挖掘潜在需求"是整个需求分析当中最容易让顾客眼前一亮的部分，因为顾客是业余的，肯定有很多想不到的地方，所以，设计师一定要找出一到两点顾客自己都没有发现的潜在需求，一则展示自己的专业性，二则让顾客感觉你对他的方案很用心。

而且，潜在需求的讲解要展开，要突出你的设计理念，有时候还需要一些专门的沟通方法来让顾客接受你的观点。

设计师

第三步的"户型诊断优化"是我们设计师擅长的，但怎样才能让顾客接受我的优化建议呢？

宋老师

是的，户型优化一般都会改动房型，会增加成本，所以，宋老师建议：

1. 户型优化是由前两步的需求而来的，所以，不要一上来就讲户型优化，而是先把需求明确了再讲户型优化。

2. 尽可能不拆墙，避免因为造价太高而谈单失控。

3. 如果拆墙，一定要把拆墙的原因和顾客的需求对接起来，让顾客觉得这是有必要的，不是你想多赚他的钱。

4. 帮助顾客算账，引导顾客对优化的成本和居住收益进行对比和判断。

设计师

宋老师，户型优化都讲完了，怎么还做"需求总结"？

宋老师

不管需求确认，还是户型优化，都属于需求的一部分，所以，总结了，顾客听起来就会很清晰，否则，顾客就会感觉零散。

而且，还要让顾客再浏览一遍你罗列的需求汇总，这样既可以加深他的印象，又可以提高他对设计方案的期待，提升你讲解的吸引力。

设计师

需求讲解时，怎样才能抓住顾客的心？

宋老师

前面讲的都是该讲什么问题，而怎样讲顾客才有兴趣听，才是最重要的，宋老师建议如下：

1. 抓重点，一听就明白的，或者之前反复讲过的，一带而过确认一下就行了；顾客没想到的，能够体现你的设计价值的，或者顾客接受起来有难度的，则重点展开讲解。

2. 多运用沟通技巧，比如先用"痛苦刺激法"吊起顾客的胃口，再比如抓住顾客的核心需求点等，这些方法后面的章节会有专门讲解。

◆ 在线互动 ◆

（针对本节内容，如有疑问，可通过"宋健个人微信"留言咨询，将在 48 小时以内得到答复）。

_____

_____

_____

_____

_____

_____

◆ 要点精炼 ◆

首先亮观点、给思路，顾客就会觉得你有思路、有理念，就会带着你的理念去理解方案。否则，顾客就感受不到你的水平，对方案的理解更会产生偏差。

第四节 不相信你说的话？你没有树立判断标准

谈单困惑：

很多顾客不相信设计师的话，方案明明很不错，优点讲了很多遍，道理讲得也很清楚，可顾客还是犹豫徘徊，怎样才讲能降低顾客的犹豫心理？

✦ 实战分析 ✦

顾客犹豫徘徊不做决定的原因很多，而缺少判断方法，担心做了错的决定，则是最为普遍的原因。

1. 不管买什么东西，绝大多数顾客在没有明白"什么样的好，什么样的不好"的情况下，是不敢做决定的，这是人之常情。

2. 家居装修知识不属于常识性的认知，所以，顾客对很多东西都不懂，更不知道该怎样判断好不好，于是又加重了犹豫徘徊的心理。

3. 商家都在极力地说自己的好，目的性太强，让顾客更加担心上当了，怕做错了决定，所以，设计师的话也就将信将疑了。

4. 顾客非常期待有人能够告诉他选购的判断方法，谁能告诉他，谁就能获得他的信任，谁就拥有更多的话语权。

✦ 实战讲解 ✦

讲解话术一

顾　客：装修公司太多了，说得都挺好，真不知道该怎么办了。

设计师：当然是我们家好了。您看看，我们的生意这么好，都忙不过来了呀。

顾　客：呵呵。

设计师：您看，我们公司是上海市十大装修公司之一……

顾　客：这个不用多说了，前面你都讲过了！

设计师：您放心，您选择我们肯定没错的，您看，这是我们给顾客装修的实景图，顾客都非常满意。

顾　客：这些都是你们做的？

设计师：大哥，您真会开玩笑，我们这么大的公司怎么可能骗您呢？

顾　客：没有没有！不过，我怎么才能知道你们的方案做得好还是不好呢？

设计师：呵呵，看来您对我们还是不够了解哦！这样吧，我先给您看看我的作品，您看，这是××别墅的实景图，这是××楼盘的方案……

讲解话术二

顾　客：装修公司太多了，说得都挺好，真不知道该怎么办了。

设计师：大哥，看来您已经走了好几家装修公司了，而且，看得越多，就越不知道哪家好了。

顾　客：是的，越来越迷糊了。

设计师：张大哥，既然今天您来到我们家，不管您最后是否选择我们，我都要让您弄明白到底该怎样判断一家装修公司好还是不好。

顾　客：那怎样判断呢？

设计师：其实，说来也很简单，您只需要抓住三点即可，那就是一看公司实力，二看管理规范，三看市场口碑。您想想是不是这个道理？

顾　客：嗯，有道理，不过，我怎么知道他们好不好呢？

设计师：首先来看公司实力，您只需要看看每家公司的团队规模大小就知道个大概了。

第二看管理规范，您不需要看他们挂在墙上的管理条款，您只需要留意一下细节即可，看看他们的分工清不清晰，比如设计师要做设计，又要管材料，又要跑工地，甚至订金都是设计师签收，这就说明他们的管理很粗放，所以，装修的质量也就很难有保障。

第三就是看市场口碑，这方面您不需要听信我们装修公司的一面之词，您可以向身边的亲朋好友打听一下，或者在网上投个求助的帖子，如果打听一圈下来都没人知道，或者口碑不好，那您心中也就有数了。

顾　客：嗯，你说的有道理！另外，还想请教一个问题，就是怎么知道你们能不能帮我把方案设计好呢？

设计师：其实，这个也很简单，那就是看看设计师在这三个方面的能力就可以了，那就是：一看平面布局的优化能力，二看空间设计的能力，三看设计难点解决的能力。

顾　客：平面布局我懂的，只要满足我的要求就行了，不过方案还没做出来，我怎么知道空间设计能力好不好呢？

设计师：您真的问到要害处了！是的，还没交订金做方案，怎么知道设计效果好不好呢？其实您通过三点就可以做判断了，那就是：一看设计师能不能把他的设计构思讲出来，二看他构思的空间有没有灵魂，有没有把您的情感诉求表达出来，三是面对您即时提出的设计问题，他能不能快速解答出来。

您琢磨一下，是不是这个道理。

顾　客：哦，明白了。真的谢谢你的建议！那你们公司怎么样，你介绍一下吧。

设计师：好的，首先……

◆ 答疑解惑 ◆

宋老师

　　面对众多的装修公司和设计方案，顾客是迷茫的，不知所措的，此时，谁能帮助顾客树立判断的标准，谁就赢得顾客的信任，谁就拥有更多的话语权。

　　所以，设计师不要急着讲方案，而是以退为进，先教会顾客怎样判断的方法再说。

设计师

　　顾客往往不太愿意相信我们的话，那该怎样树立判断标准才能让顾客相信呢？

宋老师

　　为顾客树立判断标准需要注意以下五个事项：
　　第一，只讲三点
　　第二，简短易懂
　　第三，公道话
　　第四，能证明
　　第五，一点私货

设计师

　　只讲三点，为什么不能讲四点、五点？

宋老师

　　是的，只讲三点，少于三点，内容太少，覆盖面不够；多于三点，一来顾客记不住，二来抓不住重点。所以，宋老师建议，只讲三点即可。

　　有人会问，我认为的判断标准超过三点怎么办？那就从顾客的角度出发，抓重点进行筛选，直至还剩三点。

设计师

　　"简短易懂"具体指什么？怎样做？

宋老师

　　大家回看一下"讲解话术二"中宋老师用的都是"一看，二看，三看"，这是最通俗易懂的表达，要杜绝顾客听不懂的专业术语，而是采用顾客一听就明白的通俗语言。

　　比如，瓷砖好不好的判断标准，你告诉顾客：一看瓷砖密度，二看划痕系数，三看吸水率，这样顾客听起来就比较难理解。但如果通俗一点讲：一看砖的重量，二看钢丝球的划痕，三看水滴吸收的快慢，顾客就更容易理解和接受。

设计师

　　宋老师，判断标准中"三看"指的是不是我们的卖点？

宋老师

　　这是很多人的习惯性认知，总是迫不及待地讲解自己的优势，可以理解，但不可取。

　　请注意，判断标准是在告诉顾客不管去谁家都可以用的方法，是没有私心的公道话，只有这样才能赢得顾客的信任，否则，又变成了"王婆卖瓜"了。

设计师

　　"能证明"具体什么意思？具体怎么做？

宋老师

　　"能证明"是判断标准的关键，也就是说，你讲的"三看"一定是能够"眼见为实"的，能够求证的，如果是虚的，顾客很难求证，就失去了作用。

　　比如，你告诉顾客判断设计师好不好的方法是：一看工作资质，二看行业荣誉，三看案例作品。其中前两"看"就比较虚，而且可信度也不高。但如果换做"一看户型优化能力，二看空间设计能力，三看难点解决能力"，就能够通过动作化来证明，比如，看看设计师能不能凭借一张户型图就把空间的感觉描述给你听，这就是对"空间设计能力"的最好验证。

设计师

　　宋老师，第五点的"一点私货"是什么意思？

宋老师

"一点私货"就是"三看"当中可以暗含一点自己有优势的地方，也就是在"行业公道话"之中隐藏一点自己的私心。

但是请注意，只能隐藏"一点"，如果达到"两点"就会"暴露"自己，就会失去"行业公道话"的可信度。

比如，你为顾客空间造梦的能力比较强，那就把这一条列入其中。

设计师

讲完判断标准之后，是不是就可以介绍自己的优势卖点了？

宋老师

不是的，千万不要太着急。

如果太着急讲解自己的卖点，就容易暴露你的意图。建议大家这样做：

1. 等着顾客主动问"你们怎么样"，因为大多数顾客听完你的判断标准之后，都会主动追问你的。

2. 如果顾客没有主动问你，那就换个话题先聊一下，然后再介绍自己的卖点，这样可以降低顾客的敏感性。

✦ 在线互动 ✦

（针对本节内容，如有疑问，可通过"宋健个人微信"留言咨询，将在 48 小时以内得到答复）。

✦ 要点精炼 ✦

卖方案，就是卖人心，先给顾客树立选购的判断方法，就是先获得人心，再卖人心。

第五节　好处讲了没有用？曲线讲解更有效

谈单困惑：
　　好处讲了很多遍，设计理念反复讲，可是顾客仍然没感觉，提不起兴趣！到底怎样讲才能打动顾客，才能让顾客接受自己的设计呢？

◆ 实战分析 ◆

　　想让顾客对你的卖点感兴趣，就要先吊起他的胃口，让他对你接下来的讲解有期待。而实现的途径有两个：一个是直接给好处、给利益，通过利益的诱惑引起顾客的兴趣；另一个则是先给痛苦，通过痛苦的刺激，吊起顾客更大的兴趣，然后再给出"减少痛苦"的方案：给好处、给利益。

　　根据以上方法，请大家对比下面的两套话术：

　　"讲解话术一"是直接给好处，但顾客往往会质疑这个"好处"是否有必要、是否值得，甚至会认为你是在极力地想多赚他的钱，于是便陷入了该不该"考虑"之中。

　　"讲解话术二"没有直接讲好处，而是一点一点地从日常生活入手引导话题，直至顾客的痛处，当顾客感同身受了，需求也就被调动起来了，而且是顾客自发的、主动的，然后设计师再把自己的解决办法提出来，一切都是那么自然。

◆ 实战讲解 ◆

讲解话术一

设计师：张姐，我上次去您家测量的时候发现您家二楼的采光不是太好，所以，为了提升客厅的亮度，我建议把厨房和客厅之间的墙体拆除，换成钢化玻璃的，您看看这是更换之后的效果。

顾　客：啊？要拆墙啊！那换成玻璃要增加多少钱啊？

设计师：不多，我粗略核算了一下大概3000元。

顾　客：那还是算了吧，我们本来预算就紧张。

设计师：张姐，其实，这个费用您完全可以从其他方面节省出来，比如瓷砖和橱柜，您选择品质过硬的二线品牌，完全可以达到您想要的效果！您再仔细看看，换成玻璃之后，您家客厅是不是亮堂多了，大气多了？

顾　客:(沉默了一会)这样吧,我再想想,和老公商量商量再说吧!

设计师:而且,您看,换成玻璃之后,您在厨房里可以一边做饭,一边看小孩,多方便啊!

顾　客:呵呵,有道理,不过,要花这么多钱,我们还是再商量一下。

设计师:那好吧……

讲解话术二

设计师:张姐,今天怎么没带孩子来啊?

顾　客:我妈妈来了,在家带着呢。

设计师:平时都是谁带孩子啊?

顾　客:我一个人,带两个孩子,都快累死了。

设计师:哎呀,张姐您太厉害了,真的太佩服您了!说实话,我老婆只带一个孩子还整天向我叫苦。这不,前两天她在厨房做饭,把孩子放在客厅一个人玩,没想到我儿子一下子从沙发上摔下来,头正好磕在了桌角上,幸好后来检查没有大碍,否则,后果真不敢想啊!

顾　客:是啊!我们家也是这样。尤其做饭的时候,一边看孩子一边做饭,有时候只顾看孩子,锅里都着火了。

设计师:哎呀,都着火啦,真是危险,后果真是不堪设想啊!带孩子太操心了,您真的太不容易了!

顾　客:但这样的问题也是没办法啊。

设计师:张姐,其实,这在装修房子的时候是可以避免的,比如您家,我就有一个想法可以避免类似问题的发生,那就是把厨房和客厅之间的墙体换成玻璃的,这样一来,您完全可以一边做饭一边看孩子,既避免了孩子的安全问题,又减轻了您的辛苦,您想想是不是这个道理?

顾　客:换成玻璃的,能行吗?

设计师:您看看,大致效果就是这样子的,您看,不管您在客厅还是在厨房,都可以二者兼顾……

◆ 答疑解惑 ◆

宋老师

　　趋利避害是人的本能,也是人们购买的源动力,而且,"避害"所产生的动力要远远大于"好处"的诱惑力,甚至,人们还会为了"避害"而心甘情愿地付出代价,而这个"代价"就是需求。

　　所以,大家要学会曲线讲解,在讲解好处之前,先利用"痛苦"的力量把需求刺激起来。

设计师

顾客为什么对我讲的"好处"没兴趣呢？

宋老师

顾客对好处没兴趣，主要原因如下：

第一，每家都在极力地讲好处，顾客听多了、听腻了，所以也就麻木没感觉了。

第二，好处讲得越多，就越觉得你急于赚他的钱，他的抗拒心理就越强，最后，你发的力就被抵消了，效果也就大打折扣了。

第三，人们面对好处的时候，是可以选择放弃的，因为有它更好，没它也无碍，再加上成本的问题，大多数人第一反应都会"再考虑、再商量"。

总之，直接讲好处，是因为你想赚他的钱，所以，他要提防，要做判断，要做选择，接受起来就很难。

设计师

在沟通方案的时候，具体又该怎样运用呢？

宋老师

第一步，设计师不要一上来就急着讲解你的设计有多少优点，能给顾客带来多少好处，而是先从顾客的角度去点破他的痛点，放大他的痛点。

第二步，当顾客能够认同这个痛点的时候，也就是主动需求的时候，此时再把你的解决方案给出来，便是水到渠成的事情。

总之，利用痛苦的力量可以让顾客自觉、自发地产生需求，当顾客向你追问"怎么办"的时候，就是胃口被你吊起来的时候。

设计师

我讲解"痛苦"了，可是顾客仍然无动于衷，什么原因？

宋老师

应该有三个原因：一是直接给"痛苦"；二是没有深挖"痛苦"；三是你没有抓住顾客的关注点。

首先，为什么不能直接给"痛苦"呢？

宋老师

　　请大家回顾一下"讲解话术二"，如果设计师一上来就说："您有没有发现做饭的时候还要看小孩很不方便？如果只顾做饭看不到孩子，一旦小孩子摔倒磕碰了，多么危险啊！"这就是直接给"痛苦"，一是让顾客感觉你是故意吓他的，你是有目的性的；二是听起来让人不高兴，敏感的顾客会觉得多少有点诅咒的味道，一般顾客都不太乐意。

　　所以，要渐进式地从生活的细节慢慢聊起，让顾客自己发现"痛苦"，而不是你强加给他的。

聊到"痛苦"后，怎样放大"痛苦"呢？

设计师

宋老师

　　放大"痛苦"可以从三个方向去做：

　　第一，从顾客的角度把"痛苦"严重化，就像"讲解话术二"中"哎呀，都着火啦，真是太危险了，后果真是不堪设想啊！张姐，带孩子太操心了，您真的太不容易了！"

　　第二，要互动，以讲故事的方式表达你的"感同身受"，进一步强化痛点，比如讲解二中"我儿子一下子从沙发上摔下来，头正好磕在了桌角上，幸好后来检查没有大碍，否则，后果真不敢想啊！"。

　　第三，帮助顾客总结，提醒避免"痛苦"，以激发顾客主动提出需求："那该怎么办呢？"具体的话术可以这样引导："所以，装修房子不能只看美观，其实安全健康才是更需要关注的，毕竟这种万一的事情，一旦发生将是无法挽回的。"

宋老师，我按照前面两步做了，可是顾客仍然不太感兴趣，怎么回事？

设计师

宋老师

　　应该是你没有抓住顾客的关注点的问题！

　　首先，要对顾客可能的关注点做预判，比如，对于一个好面子的顾客，你可以利用"装修设计没品位没档次，家里来了客人多没面子"的痛点来刺激他。但是，如果顾客并不在意"面子"，你再用这一招刺激他，就不一定有用了。

宋老师 其次，如果顾客比较在意某个方面的问题，那这个问题就是他的主要关注点，你再用痛苦刺激就比较有效。

设计师 从我们设计师的角度来看，哪些方面比较适合用痛苦刺激的方法？

宋老师 这个问题比较好。

因为，不是所有的问题都适合使用这个方法的，宋老师概括下来，下面几种情况使用该技巧还是比较有效的：

第一种，预判方案可能不容易被接受，需要说服顾客接受你的设计理念的时候。

第二种，你的卖点顾客可能不太关注，需要引起他的关注度的时候。

第三种，有关安全与健康的问题，顾客一般都会感兴趣的。

最后，还要提醒的是，每一个顾客身上都可以找到痛点，但是，痛点不能太多，不能超过三个，否则，多了也就不痛了。

✦ 在线互动 ✦

（针对本节内容，如有疑问，可通过"宋健个人微信"留言咨询，将在 48 小时以内得到答复）。

_____

_____

_____

_____

✦ 要点精炼 ✦

"痛点"不是给顾客的，而是聊出来的，设计师要从日常生活的角度引导顾客自己发现痛点。

第六节 顾客没兴趣听？ 你没讲到"点子上"

谈单困惑:

沟通方案的时候，总感觉顾客提不起兴趣，有时候话还没说完，顾客就听不下去了，怎样才能提高顾客的兴趣，把话说到"点子上"呢？

◆ 实战分析 ◆

顾客没兴趣听，讲不到"点子上"，其实就是没有抓住顾客的核心需求，这是设计师普遍存在的问题，具体原因如下：

原因一：一厢情愿地自说自话。

很多设计师非常自我，和顾客沟通的时候会忽视甚至无视顾客，结果便是设计师夸夸其谈，顾客无动于衷。

原因二：缺少挖掘顾客核心需求的意识与方法。

顾客的核心需求往往是模糊的、不具体的，甚至是隐藏的，这就需要设计师主动挖掘和确认，但是，很多人既缺少这方面的主动意识，又没有具体的方法。

原因三：没有在核心需求点上下功夫。

顾客的核心需求点就是他的软肋，就是他的"死穴"，要时不时地点一点，顾客的兴趣才会被提起来，但是，很多人不知道在什么时候，又该怎样去"点"顾客的"穴"。

◆ 实战讲解 ◆

讲解话术一

设计师：您看，客厅的效果是不是简洁、精致、优雅、轻快，而且富有江南白墙灰瓦的意境，完全避免了传统中式的沉闷与压抑，您再仔细琢磨一下这种感觉怎么样？

顾　客：嗯，是的，差不多就是这种感觉！不过，电视背景墙太简单了，不够个性！

设计师：那您想要什么感觉的？

顾　客：你看，我这里有一张照片，是前两天逛市场的时候拍下的，差不多就是这种几个图形的感觉。

设计师：这种感觉不难做，我给您看一下去年我为一个客户做的也是这种感觉的。

顾　客：嗯，这种感觉可以，那就先把它复制过来，看看效果怎么样吧！

设计师：好的，您稍等……您看看，是不是这种感觉？

顾　客：嗯，这样背景就好看多了。

设计师：是的，这样客厅就多了一些现代的律动感。

顾　客：不过，刚才的那种优雅感好像没有了。

设计师：是的，这就看您怎样做选择了。

顾　客：要不这样吧，这里先别定下来，你容我再考虑考虑……

讲解话术二

设计师：您看，客厅的效果是不是简洁、精致、优雅、轻快，而且富有江南白墙灰瓦的意境，完全避免了传统中式的沉闷与压抑，您再仔细琢磨一下，这种感觉是不是您之前要求的那种优雅感？

顾　客：嗯，是的，就是这种感觉。

设计师：说实话，之所以给您设计成这种感觉，因为您之前一直强调三点：一是要简单精致，二是不能老气沉闷，三是要有中国人的那种优雅感。所以，我就大胆地采用了中式的徽派建筑风格，您看多有意境！

顾　客：嗯，这种感觉不错。不过，我感觉电视背景墙有点太简单了，不够个性。

设计师：您真有眼力。是的，不光是电视背景墙，其实整个空间都没有个性的地方。不过您想一下，整个空间之所以达到了您要的这种优雅感，一是主色调上非常统一，只有米白色和柚木色；二是造型上也是简洁的中式线条，或方或圆，没有另类造型的干扰。您想想，如果电视背景在色调或者造型上出现了个性化，那原有的优雅感就被打破了，毕竟，这种优雅意境可是您一心向往的啊！

顾　客：嗯，是这么回事，那就不改变了。

设计师：好的，那客厅就这么定了。下面来看餐厅……

✦ 答疑解惑 ✦

宋老师

大家对比一下讲解话术，"讲解话术一"缺少顾客需求的意识，一是讲完空间效果之后没有回应需求，二是顾客对电视背景提出质疑时，只是被动地迎合，最终导致顾客在两个方案之中"再考虑"，让签单变难。"讲解话术二"讲完整体效果之后，进一步回应顾客需求，强化顾客的认同感；当顾客提出质疑时，用顾客的核心需求做回应，避免了"节外生枝"，让方案更容易被顾客认可。

总之，找到并在顾客的核心需求点上下功夫，就能达到事半功倍的效果。

宋老师，我们该怎样找到顾客的核心需求点呢？　**设计师**

宋老师

　　找到顾客的核心需求点有三个方法，一是确认法，二是排除法，三是观察审视法。

　　先来看"确认法"具体怎么做。举个例子，顾客问："你们公司用的材料怎么样？"这句话反映出顾客对建材产品的质量比较关注，但具体最关注的是什么，就需要确认，可以这样反问："您放心，我们用的材料都是大品牌的，不过，您比较关注的是哪方面的问题呢？"顾客回答："我就是担心你们用的材料是否环保，甲醛含量高不高。"于是你就明白了顾客对于材料最关注的是甲醛的问题，这就是他的一个核心需求点。

那"排除法"又该怎么做呢？　**设计师**

宋老师

　　不管买什么东西，顾客的核心需求点都不止一个，一般会在三个左右。所以，要通过排除法继续挖掘顾客的核心需求点，比如可以这样问："大哥，我明白了板材的甲醛含量是您比较关注的，不过，除了甲醛问题，您还有没有其他比较关注的问题了呢？"或者说："甲醛健康问题是不是您首要考虑的因素呢？"如果顾客说："还有一个问题……"于是，你又找到了一个核心需求点。

那第三个方法"观察审视法"又该怎样做？　**设计师**

宋老师

　　这个方法非常考验设计师的眼力，比如，顾客一直强调沙发背景一定要设计出高雅的感觉，就说明这就是他的核心需求点，所以，当一个顾客一直向你强调或者纠结某个问题的时候，这就是他的核心关注点。所以，设计师要有意识地去观察、判断并捕捉这些有效的信息。

> 设计师
>
> 顾客的核心需求点是找到了，又该怎样使用才能提高沟通效果呢？

> 宋老师
>
> 找到顾客的核心需求点之后，还要抓住三个时机下功夫，概括如下：第一，当你讲到顾客的核心需求点时；第二，顾客质疑时；第三，推动签单时。
>
> 先来看"当你讲到顾客的核心需求点时"该怎样做呢？
>
> 请大家回到"讲解话术二"中，当顾客表达了对空间效果的认可之后，设计师并没有停止话题，而是把如此设计的原因和顾客的需求对应起来，如此一来，既巩固了顾客的认可感，又凸显了设计师的用心。所以，当讲到某个点正好是顾客的核心需求点的时候，一定要进行回应，以巩固顾客的认同感。

> 设计师
>
> 那当"顾客质疑时"，又该怎样使用核心需求点呢？

> 宋老师
>
> 不管你的方案有多好，顾客都会提出这样那样不利于签单的问题，此时，正是使用核心需求点回应他的时候，因为这是他最为敏感的软肋。
>
> 比如讲解话术中顾客质疑电视背景墙不够个性，"讲解话术二"就是利用顾客最在乎的"优雅"效果来回应的，最后，顾客为了保留自己的核心需求，也就只好放弃一瞬间的想法了。

> 设计师
>
> 宋老师，在签单的时候，又该怎样使用核心需求呢？

> 宋老师
>
> 顾客的核心需求点用在推动签单上，更能达到事半功倍的效果。首先来看设计师主动提出签单的时候，可以这样说："方案调整之后，可以说完全满足了您最关注的三个问题，第一……第二……第三……您说是不是？"此时，顾客只要是没有再提出质疑，就快速提出签单"既然这样，那咱们就走一下业务流程，把合同定下来吧！"

宋老师

　　当然，当顾客提出质疑的时候，就可以使用他的核心需求点来推动签单，比如顾客质疑说："方案是不错，就是总价有点高了"，你就可以这样推动签单："是的，这样下来总价的确高出了一点点，不过，这可是您最满意的方案哦，比如您最在乎的客厅背景、餐厅背景、吊顶，可是非常非常棒的哦！换句话说，如果您为了节省三两万元而把家里装修得自己不满意，那才是得不偿失呢，您说对不对？大哥，您看哪天开工，我在合同上备注一下。"

　　总之，需要签单的时候，用核心需求作为理由，顾客不签单的时候，也用它作为理由，因为，对于顾客来说，他的分量是最重的，也是比较充分的。

◆ 在线互动 ◆

　　（针对本节内容，如有疑问，可通过"宋健个人微信"留言咨询，将在 48 小时以内得到答复）。

◆ 要点精炼 ◆

　　一个人，你最好哪一口，你就容易栽在哪一口上。同样，顾客对什么感兴趣，也就容易为他的兴趣买单，而这个兴趣，也就是他的"那一口"。

第七节　把顾客讲晕了？你的逻辑有点乱

谈单困惑：
　　我努力地给顾客讲方案，可是顾客却跟不上节奏，听得晕晕乎乎的，经过反复解释，顾客终于听懂了，可却挤占了其他内容的时间，最后，影响了方案讲解的效果，怎么办？

◆ 实战分析 ◆

　　顾客一旦听晕了，就会大大降低方案沟通的效果，那么，是什么原因导致的呢？

■　原因一：顾客不在状态

　　调研发现，听讲方案的时候，三成以上的顾客是心不在焉的，主要是前期准备工作没做好，比如讲解环境、呈现方式、需求分析等，这些内容前面的章节已经讲过，不再赘述。

■　原因二：讲解速度太快

　　一是时间紧迫造成的，如果顾客真的着急赶时间，那就抓住重点展开讲解，非重点点到为止即可；二是习惯性的语速过快造成的，这就需要设计师有意识地自我克服，建议多听听收音机里的评书，潜移默化地改变语速和节奏。

■　原因三：语言逻辑混乱

　　沟通靠的是逻辑，否则对方听不清你在讲什么。但是，设计工作需要的是创意，靠的是发散式思维，以至于逻辑性思维的锻炼机会就比较少，体现在沟通上就是没思路、没重点，想到哪里讲到哪里，当然，这也是本节要重点展开的内容。

◆ 实战讲解 ◆

讲解话术一

顾　客：客厅这样布局可以的，不过具体要设计成什么样子呢？

设计师：客厅我会营造出大气、亮堂、干练而精致的感觉，再带一点奢华的点缀，然后还要避免传统豪华的浮躁与张扬。这样设计主要是为了表达简单而又高品质的生活态度，更是为了凸显积极、坚定、不随意妥协的处世之道，因为之前给您看案例效果图的时候，您表达出过这些想法，并且您自己也一直在强调要有档次、有品位，但又不能太浮躁，我觉得您本人有思想、有境界，而且干练、刚毅，所以，我就大胆做了推测和构思。

顾　客：嘿嘿，没听太明白，你就说具体什么样子吧。

设计师：好的，下面咱们来看具体的设计，地面，我应该会用亮面的高级灰瓷砖铺贴，再配以简洁的黑白围边，来凸显地面的层次感；然后墙面我建议可以用烟灰白的色调，这种色调看起来比白色柔和，而且质感饱满，和地面呼应下来更能凸显品质；再然后就是电视背景，我建议用富有动感纹理的大型岩板，再配以玫瑰金线条作为边框，边框的两边再内嵌两盏富有科技感的暖色氛围灯；而沙发背景则以静为主，运用和电视背景呼应的玫瑰金边框即可，然后您可以挂一幅自己喜欢的山水画，也可以是现代抽象画……好了，客厅的具体设计差不多就这样，您再看看还有没有什么问题？

顾　客：不好意思，刚才你说地面瓷砖用什么颜色的？

讲解话术二

顾　客：客厅这样布局可以的，不过具体要设计成什么样子呢？

设计师：首先，整体感觉上，我会营造出大气、亮堂、干练而精致的感觉，然后再带一点奢华的点缀，要避免传统豪华的浮躁与张扬；第二，这样设计的目的，主要是为了表达简单而又高品质的生活态度，同时更是为了凸显积极、坚定、不随意妥协的处世之道，这就是客厅的精髓所在，也是我的总体设计理念！第三，您肯定会问为什么要如此构思！原因有三，第一个原因是之前给您看案例效果图的时候，您表达出过这些想法；第二个原因是您自己也一直在强调要有档次、有品位，但又不能太浮躁；第三个原因是几次接触下来，我觉得您本人有思想、有境界，而且干练、刚毅，所以，我就大胆做了推测和构思。总之，这就是我对您家客厅的总体设计构思，您仔细琢磨一下这种感觉。

顾　客：嗯，你的想法我很认同，不过具体是什么样子，我还是想象不出来啊。

设计师：是的，刚才讲的只是总体构思，下面我们来看具体的设计：首先，您看地面，我应该会用亮面的高级灰瓷砖铺贴，然后再配以简洁的黑白围边，您琢磨一下，地面的层次感是不是就出来了？

顾　客：嗯，差不多是。

设计师：下面我们再来看墙面，墙面我建议可以用烟灰白的色调，这种色调看起来比白色柔和，而且质感饱满，和地面呼应下来更能凸显品质，您想象一下，是不是这种感觉？

顾　客：嗯，明白。

设计师：接下来就是电视背景，我建议用富有动感纹理的大型岩板，再配以玫瑰金线条作为边框，……然后您可以挂一幅自己喜欢的山水画，也可以是现代抽象画……好了，这就是您家客厅将来装修好之后的大概样子，你再感受一下，是不是已经非常具体了？

顾　客：嗯，大致都明白了。不过餐厅又该怎么做呢？

✦ 答疑解惑 ✦

宋老师

同一个方案，不同的人讲解，会有三种结果，第一种，顾客听得很投入；第二种，顾客听明白了；第三种，顾客听得迷迷糊糊。

三种不同的结果，反映出不同的讲解能力：第一种，讲解清晰，富有感染力；第二种，基本把话讲明白了，第三种，没层次，没逻辑。

所以，方案做好了，你只完成了一半，而另一半方案怎么讲，便是很多人的"必修课"。

宋老师，你所说的讲解逻辑，具体包括哪些方面？   **设计师**

宋老师

方案讲解的逻辑包括三个方面，一是结构逻辑，二是语言逻辑，三是指向性语言。

首先来看"内容结构"的逻辑，大家对比一下"讲解话术一"和"讲解话术二"就能发现，"讲解话术一"只是内容的罗列，大量内容叠加在一起，想听明白都很难；而"讲解话术二"则是采用了"首先，第二，第三，总之"的方式对内容进行切割，听起来就比较轻松。

所以，当内容比较多的时候，总体结构要采用"总分总"的结构，中间具体的内容则用"第一，第二，第三"或者"首先，其次，最后"等方式，这是大家最能接受的逻辑方式。

那第二项"语言逻辑"又包括哪些呢？   **设计师**

宋老师

培训互动的时候，很多设计师都有一个口头禅，那就是"然后……然后……再然后……"，这就是语言缺少逻辑最典型的表现。

那么，针对设计方案讲解来说，又该注意哪些语言逻辑呢？

第一，当你要对一个事务进行完整描述的时候，语言逻辑就应该是这样的："这是什么……这样做的好处是……为什么要这样做……"

宋老师

第二，当你要向顾客阐释你的观点时，多采用"之所以……是因为……"的方式，顾客听起来就会更清楚，而且，相对于"我认为……"还更容易被接受。

第三，当一个问题讲完了，需要信息反馈的时候，就使用"您想象一下，是不是这么回事？""我们来总结一下……您说是不是？""您再来琢磨一下，是不是这种感觉？"等互动的方式来引导顾客确认，并对话题进行收尾。

那第三项"指向性语言"具体什么意思？

设计师

宋老师

让顾客跟着你的节奏走，还需要方向性的引导，其中包括肢体的和语言的，而指向性的语言主要包括"请看这里""您再看第二条""请注意""您对比一下""您感受一下"等具有方向性的语言。

比如"讲解话术二"中"先来看地面……接下来再看墙面……最后，请看这里的电视背景"，然后再配合着你的手势在平面图上指指点点，顾客的注意力很容易就被你带过来了，而且，听起来也更加清晰。

宋老师，讲解逻辑除了这三点，还有没有其他注意事项了？

设计师

宋老师

是的，除了这三点，还需要语言之外的配合手段来提高讲解效果：

第一，肢体配合。比如当你为顾客空间造梦的时候，就用一支笔在户型图上同步指指点点，顾客的思维就会跟着你的思路走；如果是PPT讲解，那就像老师一样在PPT上指指点点，以引导顾客同步思考。

第二，图文并茂。我发现很多人想到哪里讲到哪里，没结构、没条理，而且，顾客听到后面的，忘记前面的，这就是缺少文字配合的结果。所以，采用图文并茂的方式，提前把内容进行逻辑化的处理，你讲起来就会更有条理，顾客看到你的关键词文字，理解起来更容易。

设计师

我的讲解逻辑还可以，基本上能把顾客讲明白，但是我的语言感染力不强，怎么办呢？

宋老师

一个人的语言感染力受很多因素的影响，不过，训练的方式还是有的：

方式一：多听评书。比如单田芳的评书就具有很强的节奏感和感染力，听多了，就可以潜移默化地影响自己的语言方式。

方式二：练习讲故事。宋老师培养徒弟的时候，要求每天讲一个故事，如果不能当面讲，就把录音发给我，其实，这和"说相声"一样，需要提升语言功底。

方式三：节奏的训练。请大家记住一个原则，那就是重点内容重而慢，非重点内容轻而快。"重而慢"指的是声音加重，语速要慢；"轻而快"则是声音轻，语速快。建议大家遵循这个方法多多训练。

设计师

感谢宋老师的方法，我们一定多多练习！

宋老师

宋老师的话还没说完呢！

我发现，给顾客讲解方案之前，很多设计师基本不做前期准备工作，而是打开计算机随便讲，想到哪里讲到哪里，顾客问到哪里，讲到哪里，这是大家普遍存在的问题。

要做哪些准备呢？其中一条就是讲解逻辑的梳理：内容结构的逻辑、空间造梦的逻辑、理念引导的逻辑、问题应答的逻辑、讨价还价的逻辑、签不签单的逻辑等。

总之，不管讲什么、卖什么，靠的都是逻辑！

◆ 在线互动 ◆

（针对本节内容，如有疑问，可通过"宋健个人微信"留言咨询，将在 48 小时以内得到答复）。

◆ 要点精炼 ◆

　　成功与失败的根源在于逻辑，逻辑捋顺了，就能少犯一些错误，多一些成功。销售也是这个道理，缺少逻辑性思维的人，签单还是比较难的。

第八节 被顾客问倒了？你不会主动消化问题

谈单困惑：

宋老师，我讲方案的时候，顾客的问题总是很多，连续几个问题下来就把我问倒了，非常被动。可是，我同事讲方案的时候，问题却少多了，这是什么原因呢？

◆ 实战分析 ◆

解方案的时候，顾客的问题越多，你就越被动，局面对你就越不利。其原因如下：

■ 原因一：设计师气场不足。

气场足，错误的也有可能被接受；气场不足，正确的也会被质疑。所以，你的气场，直接关乎顾客问题的多少，更决定着你对谈单局面的掌控。

■ 原因二：异议应答能力差。

当然，不管你的气场有多强，顾客总会提出这样那样的问题，这就需要大家能够快速有效地解答，但是，很多人并没有这方面能力的储备，于是，一个问题没回答好，顾客的质疑就会接连而来，越来越多。

■ 原因三：没有主动消化问题。

为什么有的设计师讲方案的时候，顾客的问题比较少？其中最主要的原因就是，他们不会被动地等着顾客来问，而是在讲解方案的过程中，已经提前把顾客可能会提出的问题解决掉了，这就是主动消化问题，也是本节的主要内容。

◆ 实战讲解 ◆

讲解话术一

设计师：您看，这是卫生间的效果图。整体的感觉是温馨、优雅、简洁、精致，有品位！您感受一下是不是您之前要求的那种感觉？

顾　客：嗯，差不多就是这样。

设计师：首先，您看地面和墙面采用的是同砖铺贴，温馨、舒适、优雅，这就是色调统一的好处。

顾　客：不过，都是一样的颜色，也太单调了，地面或者墙上能不能做点造型？

设计师：那您想做什么造型呢？

顾　客：这个我也不懂，你帮我想想办法。

设计师：那好吧，我后面再做一下调整。下面我们来看马桶背景，您看这种造型看上去非常精致，可以说是整个空间的点睛之笔，整个空间的精致与品位一下子就提高了很多。

顾　客：这个造型做下来要多少钱？

设计师：差不多 4000 元。

顾　客：啊？这么高，那还是不做了。

设计师：要是不做了，卫生间可就没有档次了哦，所以，这个问题您可要想好怎么选择哦！

顾　客：有档次当然是好了，不过的确有点超预算了，要不我回去和家人再商量一下吧？

设计师：好的，你们商量好了，我再做调整。

顾　客：好的。

设计师：下面再来看淋浴房的地面，因为您家有老人同住，为了安全起见，我在地面做了防滑槽，您看看就是这种造型！

顾　客：是的，是要防滑的！不过这造型太复杂了吧，可以简单一些，这样费用可以降低一些。

设计师：好的，那你喜欢什么样的造型？

顾　客：这个我也不懂，你看着办吧，总之别这么复杂就行了。

讲解话术二

设计师：您看，这是卫生间的效果图。整体的感觉是温馨、优雅、简洁、精致，有品位！您感受一下是不是您之前要求的那种感觉？

顾　客：嗯，差不多就是这样。

设计师：首先，您看，地面和墙面用的是米黄色的暖色系同砖铺贴，这样下来既温馨舒适，又凸显优雅，您想想，不管地面或者墙面，只要再多一种颜色，整个空间的优雅感就会被打破，所以，优雅首先要保证色调上的统一性，您说是不是这个道理？

顾　客：嗯，是的！本来我以为地面再做一下造型呢，看来不合适。

设计师：您说得太对了。下面我们再来看这个空间的精致感又是怎么来的。您仔细观察一下是不是来自于马桶背景？

顾　客：嗯，是的。

设计师：您想象一下，如果把马桶的背景撤掉，是不是整个空间的精致与品位一下子就没有了？所以，马桶背景是这个空间的点睛之笔。可见，不管怎么做，这个背景都是必不可少的，您说是不是？

顾　客：嗯，有道理。

设计师：下面，我们再来看淋浴房的地面，我专门做了防滑槽处理，您看，看上去是不是也很精致？您可能会问，瓷砖直接铺贴多省钱啊，为什么还要多花钱做防滑槽呢？其实，这主要是因为上次您说老人会和你们一起住，帮你们带孩子，所以，为了老人的安全起见，我就特地做了防滑处理，毕竟，对于老人来说，安全才是最重要的，您说是不是？

顾　客：嗯，你考虑得很周到！

✦ 答疑解惑 ✦

宋老师

顾客的问题是很多设计师跨不过去的一道坎，回答好了，沟通就变得顺畅，回答不好，就会被动，甚至影响签单。那么，怎样才能处理好顾客的问题，变被动为主动呢？这就要做好两个方面的准备：一是主动应对的准备，二是被动应对的准备。

设计师

宋老师，我们明白了，主动应对就是主动消化问题，那具体怎么做？

宋老师

主动消化问题需要做两件事情，第一件是问题预判；第二件是怎样主动消化。

首先来看问题的预判，比如方案讲解前，就要从这些方面做预判：顾客可能会对方案提出什么问题，哪几个设计点是顾客比较难接受的，如果超出顾客的预算怎么办，如果顾客推迟签单怎么办等。

总之，每次面谈之前，都要对顾客可能会提出的问题做预判，并把这些问题罗列出来，这是主动消化问题的第一步工作。

设计师

那么，第二步的"主动消化问题"又该怎么做呢？

宋老师

问题罗列出来之后，就要作区分，哪些问题是顾客一定会提出的，哪些问题只是可能会提出的。对于顾客必然会提出的，就要做好主动消化的准备，而不是等着顾客提问了再做被动回答。

具体怎样主动消化呢？方法就是：在讲完某个设计点之后，一定要从顾客的角度出发，采用互动式的语言对方案提出质疑，比如可以这样说："您肯定会问……""您应该有顾虑……"，然后再把你的理由给出来，这方面的话术在"讲解话术二"中有很多类似的模板，大家可以多多参考。

> 还有一个问题，面对顾客的问题，怎样回答才不被动呢？　**设计师**

宋老师
　　要想在顾客异议面前不被动，就要学会顾客异议应对的三个步骤：第一步，建立同一频道；第二步，做解释，给理由；第三步，朝着有利的方向引导。

　　首先来看"建立同一频道"是什么意思？

　　培训现场互动的时候，我经常问设计师："你们的设计费也太高了吧！"很多人是这样回答的："这个还高啊，我们可是当地比较低的。""不高的，不信你去 × × 公司看看，他们比我们至少高出 2000 元呢。""您要是感觉高，那我可以给您推荐经理级的设计师。"

　　大家想一想，此话一出，接下来的沟通就很难进行了，所以，要想让沟通继续下去，让顾客愿意听你讲下去，就要先建立沟通的同一频道，怎么说呢？那就是"赞美＋认同"，举个例子，顾客说："这两个地方的设计为什么没有对称啊？"你就可以这样做铺垫："张哥，您看问题真的很专业！是的，这两个地方的确没有对称处理……"

> 宋老师，"作解释、给理由"好办，就是把道理讲解清楚！　**设计师**

宋老师
　　是的，你的理解没错。不过，我要讲的是怎样让你的解释更容易让顾客接受。

　　回到上面顾客的问题"这两个地方的设计为什么没有对称处理啊？"

　　第一种回答："您说的这个问题很专业，的确这两个地方没有对称处理！但是您看，这样非对称的做法，是不是更显得动感有活力？"

　　第二种回答："您说的这个问题很专业，的确这两个地方没有对称处理！那为什么没有对称设计，而是非对称的错位设计呢？之所以这样做，是因为您之前曾经向我强调过虽然您喜欢中式，但是您不喜欢中式的呆板无趣，您希望既要有

宋老师

中式的韵味，又要有现代的活力感，所以，我就在这两个地方做了一下错位处理，您看看，整个客厅的活力是不是就是因为这个原因而来的？"

请大家对比一下，哪一种更容易被接受？显然是第二种，原因就在于第二种使用了"为什么……是因为您……"的句型，这既是在回应顾客的需求，又显得为顾客着想，更利于顾客接受。

所以，记住宋老师的话：不要直接给理由，而是把这个理由的"始作俑者"给出来。

那"确认之后做引导"是什么意思？　**设计师**

宋老师

大家回顾一下，是不是经常被顾客的问题"带偏了"？

原因就是设计师在回答顾客问题之后，缺少话题引导的主动意识，要么在原有问题上继续纠缠，陷入死胡同，要么给了顾客升级话题的机会，让自己进一步被动。总之，陷入了对自己不利的沟通局面。

怎么办呢？要做话题的引导，要能够把顾客引导到对自己有利的方向上来，宋老师给出三个方法供大家参考：方法一，话题转移引导；方法二，流程推进引导；方法三，话题深入引导。

首先来看方法一，当眼前的话题对自己不利的时候，回答完之后一定要做转移，要把顾客引导到对自己有利的方向上来。

举个例子，顾客说："你们的施工周期太长了。"就可以这样做引导："是的，我们的施工周期是略微长了一些，不过，这样才能确保装修的质量，您说是不是！大哥，刚才您说想把原来的水管移动一下位置……"于是，顾客的注意力就被你引导过去了，毕竟"施工期"的问题不是装修最关注的问题，不能因为这个无关紧要的话题而影响了谈单进程。

那方法二的"流程推进引导"又是什么意思呢？　**设计师**

宋老师

"流程推进"就是设计师谈完一个事项之后，要主动把顾客向着签单的方向推进。

举个例子，第一次见面的时候，你对顾客的客厅进行造梦，顾客听完之后也很认可，然后问："那餐厅你又该准备怎样设计呢？"此时你不能傻乎乎地继续解答，而是借助顾客的问题把顾客引向订金，可以这样说："大哥，咱们今天只是第一次见面，我目前能想到的也只是客厅，至于餐厅您得容我多想两天！如果您觉得我前面说的还挺认可，那今天您就走一下业务流程，然后我开始为您量房做设计。"

总之，谈单是有若干个阶段目标推进的，设计师在回答顾客问题之后不能停下来，而是借此推动阶段目标的达成。

✦ 在线互动 ✦

（针对本节内容，如有疑问，可通过"宋健个人微信"留言咨询，将在 48 小时以内得到答复）。

_____

_____

_____

_____

_____

_____

✦ 要点精炼 ✦

与其被动应对，不如主动出击，提前把顾客的问题消化在萌芽之中，因为，如果顾客真有问题，你迟早逃不掉的，所以，不要心存侥幸，这是在自找麻烦。

第六章

推动签单——这样把控好逼单

第一节　顾客又回来了？这样接待才签单

谈单困惑：

顾客都来好几趟了，每次一回来就问价格，最后价格没谈拢，又走了！其实，顾客明明没有多大的问题了，可为什么还是不签单？这种"又回来"的顾客，怎样应对才能签单？

◆ 实战分析 ◆

对于老百姓来说，装房子是个大事，都会反复对比考虑的，不过，当顾客再回来的时候，就是签单的好时机，原因如下：

第一，顾客能够再回来，说明他基本上接受了你的方案、产品、服务、价格等，至少没有大问题了，所以才会再回来。

第二，顾客回头的时候往往会有两三家候选对象，也就是说你的成功率高达 40% 以上，所以签单概率比较高。

第三，顾客回头的时候往往是来对比价格的，所以，绝大多数顾客回头的时候都是一上来就要价格，如果没谈拢，他就会去下一家再谈谈。

第四，顾客最后选择的不一定就是价格最低的，甚至有可能是最高的，所以，最后影响顾客做决定的不一定就是价格，而是谁能让他更安心、更放心。

第五，谁才能让他更安心、更放心？一般来说，谁能和他无话不说，谁能赢得他的好感，他就认为谁更可信，而且，还会把这种信任等同于对这家公司的信任，所以，最后影响顾客做决定的不一定是物，而是人。

◆ 实战讲解 ◆

讲解话术一

设计师：张大哥，又回来了哦。

顾　客：嗯……

设计师：您看得怎么样了呀？上次给您的方案真的不错的。

顾　客：方案还可以，就是总价太高了。上次你说向领导申请一下，最低能多少？

设计师：上次您走后我们领导说了，再降低 3 万元肯定是不行的，我们最多再降 1 万元，再低的话的确做不了。

顾　客：那再降 1 万元总价就是 15 万元，不过这个价格还是比其他家高哦！ 14 万元，你看行不行。

设计师：大哥，这个价格真的不行，如果再低的话，质量无法保证！

顾　客：呵呵。

设计师：您放心，这个价格肯定是最便宜的，再说了，您找专业的品牌公司，装修质量才有保障啊。

顾　客：价格的确高出了我的预期，要不我回去和家人再商量商量吧。

设计师：您是不是还有其他顾虑啊，您就告诉我，我看看怎么能够帮得上您。

顾　客：嗯……没有了，我回去和家人商量一下再说吧。

讲解话术二

设计师：哎呀，张大哥来了，赶紧里面请，我正想给您打电话呢！小李，赶紧给张大哥来杯上等的好茶。

顾　客：昨天那个价格向领导请示了吗？能便宜多少？

设计师：张大哥，您今天都第三次来了，这么支持我的工作，您放心，今天价格说什么也要让您满意，您看外面这么热，估计您也逛累了，您先喝杯水休息一下嘛！唉，上次我记得是儿子和您一起来的，今天怎么没过来？

顾　客：上学去了。

设计师：哦，我都忘记今天是周二了！儿子学习怎么样？

顾　客：哦，我儿子学习可好了，上次考试语文全班第二名，98 分呢……

设计师：哎呀，您儿子真优秀，太羡慕您了，不怕您笑话，我儿子从来没进过前三十名，今天可算是找到老师了，您是怎样教育孩子的啊，您可真要教教我哦……

顾　客：聊了这么多，都忘了正事了。上次价格的事情后来你向老板申请了吗？

设计师：是的，都跑题了！张大哥，不知除了价格之外，您还有没有其他方面的问题了呢？

顾　客：嗯……也没什么大问题，就是我老婆想做个吧台，可我不想做。

设计师：哎呀，原来是这个小问题。张哥，既然嫂子想做吧台，您就满足她的要求，设计的问题我帮您解决，您看，在这个位置就可以了。

顾　客：这能增加多少费用？

设计师：您看，做成这个样子的，也就增加 2000 元。

顾　客：那就做吧！不过这样下来总价最低多少？

设计师：上次您走后，我们领导说了，给您按照最低的成本价 15 万元，然后今天吧台就增加了 2000 元，那我就自作主张，这 2000 元抹去，您看兄弟我够不够仗义？张哥，您看下个月哪天开工您时间方便？

顾　客：差不多月初吧，后面又要出差了。

设计师：好的，那就定在 3 号。好了，都填好了，请您在这里签字。

顾　客：好的。

✦ 答疑解惑 ✦

宋老师

多次回头的顾客能不能签单，主要问题已经不是你的方案，也不是你的价格，而是你能不能让他最安心、最放心。

设计师

宋老师，那回头客具体怎样接待呢？

宋老师

首先，顾客回头的时候，不要再用陌生人的接待方式"欢迎光临"，更不能不冷不热地来一句口头禅"又回来了哦"，而是像熟人一样热情迎接，可以这样说："哎呀，张大哥，可终于把您盼来了，我正想给您打电话呢，您赶紧里面请……"

接着，一边表示欢迎，一边主动把顾客引导到休闲区，坐下来提供服务，切忌堵在门口问这问那。

设计师

那么，坐下来之后是不是就开始谈买卖了？

宋老师

大错特错。

前面讲过，回头客最后是谁能让他最放心，他就选择谁，所以，要和他聊天，就像"讲解话术二"中一样，从他儿子的学习聊起，然后"拜师学艺"，让顾客找到自豪感，然后也就放松了，再加上你的茶水服务，你想想，接下来顾客的顾虑还会不和你说吗？顾客讨价还价的嘴还有那么厉害吗？顾客拔腿就走的速度还有那么快吗？

所以，一个字"聊"！正所谓功夫在诗外，聊出感情，后面的买卖才好谈。

设计师

宋老师，有时候我问顾客"看得怎么样了，有没有考虑好"，可顾客却问我价格，怎么办？

宋老师

哈哈，你这是在给自己找麻烦。

顾客回来了，千万不要自己先提起与买卖有关的话题，比如"看得怎么样了""方案考虑好了没有""有没有和家人商

宋老师

量好"等，因为，此言一出，顾客一定会跟上一句类似"方案还可以，就是价格太高了"的话，然后你们就陷入了贵与不贵的死胡同，于是，在还没有情感铺垫的情况下就谈价格，很容易谈崩，然后顾客又走了。

所以，设计师朋友千万要管住自己的嘴，不要动不动就把这些话挂在嘴边，让自己陷入被动境地。

设计师

我不主动谈买卖，但是顾客一进来就急着要价格，又该怎么办？

宋老师

是的，这种情况的确不少。

怎么办？先给顾客两句口头承诺，目的是让顾客的节奏放缓下来，然后坐下来聊天套关系，提供你的服务，就像"讲解话术二"中一样，对顾客说："您放心，今天价格一定会让您满意的，您看外面这么热，您先坐下来喝杯水嘛。"你想想，回头的顾客都是怀着诚意回来的，一般人都会坐下来听从你的安排的，毕竟这是人之常情的买卖行为，于是，你就把顾客引导到了对自己有利的方向上来。

设计师

宋老师，那什么时候才算是关系聊好了呢？

宋老师

关系有没有聊到位，其实，这主要靠大家的生活经验来判断，不过也是有一些方法可供参考的，比如，顾客和你聊得比较投入，开始侃侃而谈了；再比如，顾客好像一时忘记买东西了，而是开始发散话题了；还有就是顾客在你这里找到了自豪感了等。

设计师

宋老师，那又该怎样把话题拉回到正题上呢？

宋老师

是的，顾客开始无话不说了，感情也就铺垫好了，就可以把话题拉回到正题上了。

第一种情况，顾客可能主动问你价格的问题，请注意，先不要直接回答他，而是先排除一下还有没有其他问题，比如可以这样反问："上次您走后，我向领导请示了，不过，我想请教

宋老师

的是，除了价格之外，您对方案还有没有其他问题了呢？"如果顾客说出最后的顾虑，那就解决之后再回到价格上来。

那如果顾客很能聊，甚至聊得云里雾里，又该怎么办？　**设计师**

宋老师

　　这就是第二种情况，设计师要能退能进，要知道，聊天聊感情只是铺垫，当感情铺垫差不多了，不能无限制地和顾客瞎聊，要及时把话题拉回来，比如可以这样问："大哥，和您聊天真受益！不过，我有一个问题想请教一下，上次您走后，我一直觉得您肯定还有哪方面的顾虑，所以，还请您如实地告诉我，这样我也好帮您解决问题呀！"

　　总之，把顾客最后的顾虑解决之后，再根据实际情况酌情满足顾客的价格要求，然后推动签单。当然了，具体逼单的技巧，后面的章节会有专门的讲解。

✦ 在线互动 ✦

　　（针对本节内容，如有疑问，可通过"宋健个人微信"留言咨询，将在 48 小时以内得到答复）。

_____

_____

_____

_____

_____

✦ 要点精炼 ✦

　　"一招制胜签单法"？你肯定武侠小说看多了！醒醒吧，马步都没站好，就别奢望"绝招"了。

第二节　优柔寡断"好好好"？这样的顾客要逼单

谈单困惑：

　　有一类优柔寡断的顾客，每次来聊得都挺好，问他有没有什么问题，回复都是"没问题，挺好的"，可是，每次都是"再考虑，再商量"，这样的顾客该怎样推动签单？

◆ 实战分析 ◆

　　从购买决定的角度来看，顾客可以分为三类：

　　第一类是马大哈型的，感性冲动，思维不缜密、不周全；买东西的时候只为购买找条件，不为放弃找理由；只要他高兴，有个差不多就冲动掏钱，但事后又常常后悔。

　　第二类是偏理性的，即便满足了购买的条件，哪怕再喜欢，也会放慢掏钱的速度，多方面权衡利弊找理由，一旦负面的大于正面的，就会推迟或者放弃购买，所以，这样的人购买的往往都是必需品。

　　第三类是优柔寡断型的，即便什么问题都没有了，也会"再考虑，再比较"，此时影响他们做决定的不是产品好不好，也不是理性在作怪，而是连他自己都无法控制的优柔寡断；并且，花钱越多，这种优柔寡断就越加明显，当然，他们也会因为错失机会而常常懊悔。

　　优柔寡断是此类顾客先天性格加后天环境导致的，他们患得患失，缺少魄力，做决定对于他们来说非常难，所以，除非有外力的推动，否则，他们很难下决定。

　　所以，设计师遇到这样的顾客，一定要推他一把，逼他一下，甚至帮他做决定。否则，谁最后逼他一下，他就有可能在谁那里"下决定"。

◆ 实战讲解 ◆

讲解话术一

设计师：我打开计算机，给您再确认一下方案，如果没问题，这几天就定下来吧？

顾　客：啊，这么着急？

设计师：您看看，还有没有需要修改的地方？

顾　客：差不多就这样，不过总价能不能再便宜一些？

设计师：这个价格真的是最低价了，您看，上次连老板都给您退让了，真的没有空间了。您看，这是合同，该填写的我都填好了，请您确认签字。

顾　客：嗯，我先看看。

设计师：好的，您先看看，看好后您叫我。

顾　客：（设计师回来了）我刚才给我老婆说了一下，她还有一点想法。

设计师：什么想法？

顾　客：我老婆说客厅想用多层的地热地板，所以想看看你们用的是什么品牌？

设计师：我们用的是 A、B、C 这三个品牌任选的。

顾　客：这三个品牌我知道，都是大品牌！（顾客仍然在犹豫签字）

设计师：您还有什么问题吗？

顾　客：具体说不上来，就是感觉还有什么没想好，要不我下次带我老婆再来定吧。

讲解话术二

设计师：外面人比较多，请您到里面的会议室来一下。

顾　客：好的，有什么事情吗？

设计师：（和顾客对面而坐之后）张大哥，之所以把您请到会议室，是因为我在想一个事情，您看，您来我们店也好几趟了，每次来我也都给您详细地解答，而且，刚才您最后的顾虑我也解释清楚了，所以，今天我们就把这个事情定下来，这样您也可以放下一个心事。您看这是合同，信息我都填好了，请您确认签字。（合同往顾客面前一放，静静地等着签字）

顾　客：嗯，这么急啊？

设计师：呵呵，您确认一下我填的信息，然后在这里签字就可以了。

顾　客：你们能保证装修质量吗？

设计师：您放心，到时候我会全程监控指导施工，有问题您找我一个人就行了。您再确认一下第二页的信息！

顾　客：那总价还能不能再低一点？

设计师：张大哥，价格的事情我都帮您找到老板了，而且这个价格绝对是我们的底价了！您看，这里请签字。

顾　客：（顾客还在犹豫签字）就这么就签了？

设计师：是的，就是在这里签字。

顾　客：那好吧，签就签吧。

设计师：（立即起身握手）张大哥，恭喜您，终于定下来了。您放心，我一定全程服务让您满意的！请你跟我去一下财务……

✦ 答疑解惑 ✦

宋老师

　　宋老师是不鼓励"逼单"的，因为，一旦逼单失败，顾客可能会被你吓到，然后再也不敢来了。但是，犹豫型顾客你要不逼他一下，他是很难做决定的，而且，只有逼他一下，他才可能把最后的顾虑告诉你；只有逼他一下，他才会签单做决定。

设计师

　　宋老师，我感觉偏理性的顾客也是经常"再考虑，再想想"的，怎么知道他们是不是犹豫型的呢？

宋老师

　　这个问题非常好，具体怎样区分他们，关键要看是否自信，那自信又怎样判断呢？

　　判断方法一，是否有态度，有立场。要留意顾客会不会主动提出自己的观点或者立场，如果即便表达立场也是"大概、可能、也许、不一定"的，那就说明态度模糊，立场不坚定，可以初步判断为犹豫型顾客。

　　判断方法二，是什么都"好好好"，还是敢于说"不"字。面对你的建议，顾客永远都是"好好好"，即便是违心的，也不会说"不"，不敢于拒绝，这也是缺少自信心的表现，更是犹豫型顾客的特征。

　　判断方法三，眼神坚定的，还是游离的。敢不敢和你对视。自信的人和你沟通的时候，会通过坚定的眼神的对视向你传递立场和态度，但是，不自信的人内心是相对封闭的，不会和你对视，即便看你一眼，也是游离的，此时就要注意他的自信心的问题了。

　　判断方法四，性格直爽还是柔弱。性格是自信心的关键因素，外向的人往往比较自信，而不自信的人则多为内向、柔弱，比如声音较小，语气柔弱就是明显特征。

　　总之，这些特征只是表象，能不能快速对顾客做出判断，还要大家日积月累地留意与训练。

设计师

优柔寡断的顾客又回来了，该怎样开始接待呢？

宋老师

　　顾客又回来了，先用一般"回头客"的接待方式让顾客放松下来，当顾客放松下来之后，要诚恳地询问顾客还有没有什么顾虑，化解之后，就要开始逼单了。

设计师

问题化解完之后，又该怎样逼单呢？

宋老师

　　首先要找一个相对封闭的、不容易被打扰的空间，这样才可以通过安静的环境让顾客专心考虑，加速顾客做出决定。

　　如果像"讲解话术一"那样在计算机旁就提出签单，就太随意了，顾客很容易被其他事情打扰，他签单的压力感就没有了。

设计师

那具体的话该怎样说呢？

宋老师

　　首先，要和顾客对面而坐，这样才能形成压力感；第二，除了顾客签字的地方之外，其他信息要提前填写好，然后往顾客面前一放；第三就像"讲解话术二"一样，要说："您看，您都来了好几趟了，方案您也满意了，问题我也都给您讲解清楚了，今天咱们就定下来吧！"然后，自己静静地、微笑地看着对方，等着顾客签字。

　　请注意，千万不要像"讲解话术一"那样，顾客还没开口，自己先离开了，你想，你都不在现场了，顾客哪里还有压力感？所以，既不能离开，也不能先开口说话，你一开口，顾客的压力就被打破，签单就会受影响。

设计师：宋老师，我不先开口说话，可是顾客先提出问题，怎么办？

宋老师：是的，顾客一般情况下都会提出问题而"开溜"，此时要注意，千万不要啰里啰唆发挥太多，否则，就会节外生枝，要简单扼要地回答，而且，回答之后要再次提出签单，比如"讲解话术二"中，顾客提出"装修质量"和"价格"的问题，设计师都是简单回答，然后再次提醒顾客签字。

设计师：如果顾客仍然不签单，怎么办？

宋老师：如果逼单失败，就要避免因逼单而把顾客吓得再也不敢来了，所以，要做好两件事情：

第一件事情，要给面子，把顾客紧张的心理放缓下来，要避免他在最后走掉的时候还带有被逼单的"压迫感"。那怎么给面子呢？话可以这样说："那行吧，您要考虑夫人的意见也是非常能够理解的，那就欢迎您下次带爱人来的时候再定吧！"

第二件事情，要再次强调方案的优势，争取他的再回头，具体话术前面的章节已有专门讲解。

设计师：宋老师，我还是担心逼单失败，又该怎样避免呢？

宋老师：怎样避免逼单失败？也是要做好两件事情：

第一，要好好学习上面的方法和话术，把控好逼单的节奏。

第二，被逼单的顾客要拿捏到位，首先要判断好顾客性格不强势、的确是优柔寡断型的顾客；第二个需要注意的就是，顾客对你的方案、服务、产品、价格等都没有大问题了，这是可以逼单的前提。

◆ 在线互动 ◆

（针对本节内容，如有疑问，可通过"宋健个人微信"留言咨询，将在 48 小时以内得到答复）。

_____

_____

_____

_____

_____

_____

◆ 要点精炼 ◆

知识其实没有用，只有被用了才有用，学了那么多技巧和话术，你用了吗？你练了吗？否则，就是在拿顾客当靶子，做演练。

第三节　各种理由压价格？千万不要被顾客吓倒了

谈单困惑：

　　很多顾客，最后总是找各种理由打压价格、方案、服务、企业等，有时候一接他们的话题，就容易发生争执，但如果不接话题吧，又显得自己没底气，真不知道他们到底有没有签单的诚意！

◆ 实战分析 ◆

■　讨价还价的时候，顾客往往会交互使用三种手段"死缠烂打"要价格，具体如下：

第一种是直接要底价，行就签，不行就走人。

第二种是策略打压，不管好的还是不好的，都可以成为他打压价格的理由。

第三种反复磨蹭，不着急走人，也不打压你，就是一点一点地和你磨蹭，挤牙膏式地试探你的底线。

■　而本节的顾客，则是属于策略打压类型的，打压方式具体如下：

"我家装修这么简单，你们的报价太高了。"

"×× 公司全包价格才 22 万元，你们半包都快赶上全包的了。"

"×× 公司用的都是大品牌的材料，才 18 万元，你们实在太高了。"

"×× 公司 20 万元还送一套客厅家具，你们什么都没有，居然还这么高。"

"你们又不是大公司，报价居然都赶上 ×× 了。"

"我了解了，你们公司没什么特别的，就是要价挺高的。"

…………

■　策略打压的顾客，往往具有以下特点：

第一，看中了方案，价格基本上也能接受，有购买的想法，所以才和你搞价格。

第二，寻找理由释放各种"烟幕弹"打压你，让你失去价格坚挺的信心。

第三，如果打压不成，再和你慢慢磨蹭，总之，其他都是借口，降价才是目的。

◆ **实战讲解** ◆

讲解话术一

顾　客：其实还是价格的问题了，22万元的确太高了，18万元行不行？

设计师：18万元？您这不是在开玩笑吧。这个真不行！

顾　客：上次你不是说问问老板吗？

设计师：是的，如果您有诚意的话，我们老板说了，最低21万元，再低了真的做不了。

顾　客：21万元太高了！××品牌那么大的企业17万元都能做，你们居然比他们还要高，太不应该了。

设计师：开玩笑，××公司怎么能和我们相比呢？行业内都知道，他们的主材用的都是三线品牌，质量很难有保障。

顾　客：但是，他们送的可是整套客厅家具哦，比你们送的多多了，而且报价还比你们低。

设计师：大哥，我想请问，您到底是本着装修质量去的，还是本着礼品家具去的？您也太不会算账了。

顾　客：当然两个都要了。

设计师：既然这样，那您为什么不去选择他们家呀？这不正说明我们的装修质量比他们好吗？

顾　客：既然这样，我还是再考虑考虑。

设计师：大哥，这还有什么可考虑的啊，今天给您的价格真的最低的了，而且我们给您用的材料又这么货真价实……

讲解话术二

顾　客：其实还是价格的问题了，22万元的确太高了，18万元行不行？

设计师：大哥，您真厉害，一下子就干掉4万元，我们要照这样干下去，很快就会亏本关门了哦。

顾　客：上次你不是说问问老板吗？

设计师：是的，我们老板说了，一口价21万元，如果再低的话，的确做不了了。而且，今天定的话，正好赶上这两天展会促销，还可以送您一套价值3000元的客厅沙发，今天定真的很实惠的！您看什么时间动工，我在合同上备注一下？

顾　客：合同先等等，你们这个价格太高了，××品牌那么大的企业17万元都能做，你们居然比他们还要高，太不应该了。

设计师：张大哥，您想再便宜一些我也能够理解，而且您说的也对，××公司也不错，不过我们两家还是有很多不一样的地方的，比如您最关注的主材环保的问题，我们用的可都是E0级的哦，所以，您不能只是简单对比价格，还要看材料的区别嘛，您说是不是？来，请您确认一下合同上填写的信息。

顾　客：但是，他们送的可是整套客厅家具哦，比你们送的多多了，而且报价还比你们低。

设计师：呵呵，您说的这种情况肯定会存在。其实，至于送什么，送多少不过是每家公司的营销模式的区别而已，而且，能送多少，这也是要核算成本的，您想想，如果您只对比送的东西的多少，而忽略了装修质量，这是舍本求末呀，比如，您非常在乎的板材环保问题，我们用的可都是E0级别的，这才是您更应该关注的，您说是不是？大哥，合同上的信息我帮您又确认了一边，您看下个月几号开工比较合适？

顾　客：还是下月中旬吧，前面我在出差……

◆ **答疑解惑** ◆

宋老师

　　讨价还价，其实就是双方"斗智斗勇"的过程；顾客的策略性打压，目的不是真的为了贬低你，而是为了要价格，但是很多设计师不明白顾客这一心理，却就顾客打压的理由进行争辩、纠缠，甚至发生争执，影响了最后的签单。

　　顾客的策略打压心理我明白了，不过具体该怎样应对呢？

设计师

宋老师

　　在给出具体方法之前，请大家先来对比一下"讲解话术一"和"讲解话术二"的区别：

　　区别一："讲解话术一"直接用"开玩笑"拒绝顾客，如果遇到强势的顾客，很容易谈崩；而"讲解话术二"一开口就是赞美顾客"真厉害"，然后再以"亏本关门"的苦肉计的方式来拒绝，不管顾客是否接受，沟通都可以继续下去。

　　区别二："讲解话术一"直接反驳、否定顾客关于××公司的对比；"讲解话术二"不但没有否定顾客，而是在认同之后，把顾客的焦点转移到了顾客的核心需求点上，以此营造顾客难以拒绝的话题，这就是局面的扭转。

　　区别三："讲解话术一"缺少推动签单的意识，只是为了回答而回答，没有顺势推动签单；而"讲解话术二"每次回答之后，都会立即推动签单。

　　讲解话术我是听明白了，不过，应对策略性打压，又有哪些具体方法呢？

设计师

宋老师

　　顾客策略打压价格，设计师的应对与签单方法可以概括如下：

　　第一，不要被顾客吓倒，随便做退让，要对自己更有信心，坚守底线；为什么要对自己更有信心？请大家换位思考一下，顾客既然有目的性地打压你的价格，说明他有购买的诚意，说明对你的方案和产品已经没有大问题了，这是你可以坚守价格的底气，也就是信心；千万不要顾客一打压，就做退让："那好吧，那就再给您便宜一些。"

　　而且，如此快地降价，会让顾客感觉价格还有空间，所以，不管你降多少，他都不会快速签单的。

设计师

　　宋老师，顾客打压我们，的确很让人气愤哦，我有时候真的压不住内心的火，怎么办？

宋老师

　　是的，面对顾客的打压，大家都会本能地回击，控制不住自己说破坏性的话，比如"人家品牌大，那你怎么不去买人家的。""××便宜，那你怎么不去选择××呀！""既然你都这样说，那我也没办法了。""你这样说，到底有没有购买诚意啊？"等。

　　此言一出，顾客被你将在那里了，沟通也就无法进行了，买卖也就受到破坏。所以，大家要像"讲解话术二"那样先对顾客进行认同，为后面真正的话题做好铺垫，然后再给出理由，顾客才能继续听你讲下去。

设计师

　　宋老师，如果我们认同了顾客的话，那接下来还怎么解释呀？

宋老师

　　请注意，认同的话术只是沟通的一种方式，不是真的接受了顾客的观点，所以，大家不要钻牛角尖；如果你实在不想采用认同的话术，那就冷处理，"呵呵"一笑也可以，比如"讲解话术二"中的"呵呵，您说的这种情况会存在……"就是这种方式，就避免了和顾客的直接冲突。

设计师

认同也好，冷处理也罢，都是沟通铺垫的方式，那最后又该用什么来回应顾客的价格打压呢？

宋老师

是的，该用什么内容来回应顾客的打压呢？我的答案是：顾客的核心需求点。

比如"讲解话术二"中讲到的"……不过我们两家还是有很多不一样的地方的，比如您最关注的主材环保的问题，我们用的可都是 E0 级的哦，所以，您不能只是简单对比价格，还要看材料的区别嘛，您说是不是！""……这才是舍本求末呀，比如，您非常在乎的板材环保问题，我们用的可都是 E0 级别的，这才是您更应该关注的，您说是不是？"

大家看一下，这两处的话术都用到了"比如您最关注的……"后面的内容就是顾客的核心需求点。而且，在讲完理由之后，一定要加上一句让人无法质疑的话，来转移顾客的焦点，比如话可以这样说："您说是不是这个道理？""您说是不是？"等。

设计师

回应之后，是不是就要推动签单了？

宋老师

是的，当你反问顾客"是不是"之后，一般顾客都不会立即提出质疑的，所以，设计师要借助顾客瞬间的认同，立即推动签单，而签单的话术要直接干脆，比如"合同我填写好了，请您确认""您看下个月什么时间开工您比较方便？"当然了，期间的节奏把控，后面的章节还有更详细的讲解。

◆ 在线互动 ◆

（针对本节内容，如有疑问，可通过"宋健个人微信"留言咨询，将在 48 小时以内得到答复）。

_____

_____

_____

_____

_____

_____

◆ 要点精炼 ◆

讨价还价就像天平的两端，一端是顾客要的价格，一端是设计师给的价值；那么，设计师给哪个价值才让顾客感觉分量最重？当然是顾客的核心需求点。

第四节 慢慢磨蹭价格？一守二送三退让

谈单困惑：

有的顾客挤牙膏似地磨蹭价格，不答应吧，担心丢失单子，因为顾客明明有诚意；答应他吧，顾客仍然觉得你的价格没到底，继续和你磨蹭。这样的顾客真的让人筋疲力尽，真不知道怎么办了？

◆ 实战分析 ◆

顾客磨蹭要价时候的心理，可以概括如下：

第一，有购买诚意。如果没有诚意购买，也就不会和你磨蹭价格了；如果没看上你的东西，那就随便扔个价格给你，答不答应，我无所谓。

第二，不希望谈崩掉。顾客之所以慢慢磨蹭，一点一点地试探你，因为他担心万一把话说得太死了，而你又断然拒绝，他自己也很尴尬，所以，为了能够继续谈下去，他便不恐吓，不威胁，慢慢挤牙膏。

第三，认为你的价格没到底。一定是你某方面的表现，让顾客认定你还有降价的空间，所以，在他感受到你的底线之前，他是不会随便答应价格签单的。

第四，要有满足感、成就感。最后的讨价还价，顾客往往要的是心理上的满足感、成就感，那么，怎样让顾客找到这种感觉呢？其实，顾客判断的依据还真不是价格降了多少，而是卖方的各种表现能不能让他感觉到价格"到底了"。

第五，要面子要台阶。最后的时候，有的顾客并不在乎你降价多少，而是对于他的要求，你有没有"多少给一点"，否则，就"太没有面子了"。

◆ 实战讲解 ◆

讲解话术一

顾　客：25万元还是有点高，24万元怎么样？

设计师：不行！24万元真不行。

顾　客：那多少再降一点嘛。

设计师：25万元真的不能再降了，毕竟前面您来的时候，已经降了好几次了，而且，连老板我都帮您找过了。

顾　客：要不24.5万元，怎么样？

设计师：我的大哥呀，要能降我早就帮您降了，25万元已经是最低最低的价格了。

顾　客：你就再向领导申请一下吧。

设计师：老板都已经找过了，要不我问问店长能不能再送您一个马桶吧。

顾　客：马桶就不要了，你就问问价格。

设计师：唉，您这可是让我找领导挨骂。

顾　客：呵呵，谢谢你。

设计师：老板答应了，那就24.5万元吧，您看这样总行了吧？

顾　客：看来找领导就是管用。不过，刚才你说的马桶也送一个吧？

讲解话术二

顾　客：25万元还是有点高，24万元怎么样？

设计师：张大哥，您真会讨价还价！您看，前面都给您退让三次了，25万元真的是最低了，真的是无能为力了。所以，还请您多多理解！您看这是我填写的合同信息，您来确认一下。

顾　客：要不再降5000元，24.5万元怎么样？

设计师：张大哥，您今天可真的把我难住了，说实话，我非常想帮您，可是，价格方面的确没办法了。上次您来的时候我们老板已经从27万元降到了25万元了，真的没有空间可降了。要不这样吧，为了表示我的诚意，我以我个人的名义再送给您一个马桶吧？您看，我们的马桶可是大品牌的。

顾　客：马桶就算了，你就再降一点，24.5万元。

设计师：张大哥，我真的服了您了。真没想到您这么会买东西。要不这样吧，我再问问店长，看看还有没有空间？不过，您先别抱太大希望哦，毕竟上次申请的时候我已经挨过老板的骂了。

顾　客：行，你就再帮我问问。

设计师：恭喜您！老板同意24.8万元，不瞒您说，我还真没想到店长会同意。大哥，请跟我到财务来一下，您付一下首付款。

顾　客：啊？怎么才降2000元呀，不是5000元吗？

设计师：张大哥，如果能降5000元，我们干嘛像挤牙膏似的，这2000元足以说明我们的价格真的到底了。您放心，如果以后您发现有更便宜的，您来找我，我给您补差。大哥，您到财务来一下……

✦ 答疑解惑 ✦

宋老师

讨价还价是心理战，更是技术活。

能不能签单，往往就在一句话之间。说对了，就签单；说错了则是前功尽弃。

讨价还价的话题比较敏感，设计师既要拿捏好顾客的心理，又要灵活运用各种技巧，只有说对话，做对事，才能把顾客引向签单。

设计师

宋老师，我看"讲解话术一"和"讲解话术二"的话术差不多啊，没什么区别吧！

宋老师

呵呵，你要看门道！

为什么这样说？先来看看"讲解话术一"的业余之处：

第一，说话不给面子和台阶，比如"不行，真的不行！"看上去理直气壮很坚定，但是顾客却没了面子和台阶，如果遇到比较敏感的顾客，可能当即走掉。

第二，说话直来直去，缺少让顾客感觉你"尽力"的语言和语气，顾客的满足感就会降低。

第三，缺少签单意识，每次回答之后都没有主动提出签单的要求，让机会白白流失。

第四，不懂得降价梯度，完全满足顾客要求的 5000 元，顾客会认为"一找领导就有门"，所以，价格的满足感就不强，这就是接着和你要"马桶"的原因。

设计师

那么，磨蹭型的顾客，该怎样才能成功签单呢？

宋老师

首先，磨蹭型顾客一定会反复提出你无法满足的要求，所以，设计师一定要会拒绝，但是，还要保证不能因为拒绝而让顾客走掉了。

宋老师

怎么拒绝呢？

那就是委婉拒绝，也就是用道歉的方式来拒绝，比如"真的不好意思，真的非常抱歉，所以还请您多多理解，多多包涵"，这就是给面子给台阶的话术。试想，如果顾客只是怀着"有则好，没有则罢"的心态来试探你一下的话，那你的委婉拒绝可能也就奏效了。

设计师

但是，很多顾客还会继续磨蹭价格的，比如说："那你多少再便宜些嘛！"接下来又该怎么办？

宋老师

顾客能说出这样的话，说明购买诚意很强，但讨价还价的心理还没有获得满足，或者说自己都提出要求了，设计师居然一点都没退让，自己很没面子，所以，此时设计师要注意两点：

第一点，不要以为对方有购买诚意就丝毫不退让，甚至连面子都不给，那样会让顾客产生挫败感，不利于接下来的沟通。

第二点，要给顾客一个台阶下，最好的方式就是以个人的名义多送个他一个礼物，比如"讲解话术二"中的方法"为了表示我的诚意，我就以我个人的名义，再送给您一个马桶吧？"

请注意，话音落下两秒钟，只要顾客没有立即提出质疑，就默认为顾客同意了，然后推动签单："大哥，您稍等，我在合同上备注好了赠送马桶。请您在这里签字。"

设计师

宋老师，礼品的办法我也用了，可是顾客不同意，坚持直接降价，怎么办？

宋老师

事已至此，又说明两点：第一，顾客真的想购买；第二，顾客也真的在乎价格，如果你不能够"多少给一点"，他很可能"赌气"走掉。

所以，此时的设计师不能再做"铁公鸡"一毛不拔了，但是，千万不能自己给，而是"找公司的领导"，这样顾客才会感觉到你真的为他"尽力"了，然后才感觉到你的价格"到底"了。

设计师

不过，我把申请后的价格给顾客了，可他还是不满足，怎么办？

宋老师

是的，就像"讲解话术一"一样，继续和你要赠品！

什么原因呢？其实这是顾客心理预期满足的问题，大家还是要注意两点：

第一，要对顾客的期望值做预判，比如刚开始要降价5000元，后来开始说"多少要便宜一些嘛！"，说明顾客的期望值也在降低，至于是多少，大家要根据当时的沟通情况进行判断。

第二，就是给多少才容易签单？根据宋老师的研究发现，给到顾客期望值的70% ~ 80%最容易被接受。如果低于50%，顾客没有满足感、成就感，就会拒绝接受；但高于80%顾客则会觉得来得太容易，会继续和你讨价还价。这一点，大家对比一下，"讲解话术一"答应了降价5000元顾客还不满足，但是"讲解话术二"只是降价2000元顾客却同意签单了，就是这个原因。

设计师

前面您说让顾客感觉我们为他"尽力"了，那怎样才能让顾客感觉到我们的"尽力"呢？

宋老师

你这个问题才是本节的关键！怎样展示"尽力"呢？宋老师建议如下：

第一，针对磨蹭型的顾客，刚开始提出要求的时候，设计师一定不能答应，而是先做委婉地拒绝，这是在故意降低他的期望值。

第二，顾客第二次提出要求，也不能满足，或者不能完全满足，比如通过礼品的方式，让他感觉价格的确没有空间了，于是，再一次降低他对你的期望值。

第三，顾客最后坚持要降价，那就找领导请示，但是要先打预防针降低他的期望值，话可以这样说："不过您先别抱太大希望，毕竟之前的确没有这么低的！"

宋老师

第四，每次回应顾客要求的时候，都不能太直接，要像"讲解话术二"中那样来体现你的尽力，比如"您可真的把我难住了！""我真的想帮您，可价格真的超出我的权限了"等。

最后请注意，上面"尽力"的方法是针对磨蹭型顾客的，如果用在强势型顾客和性格急躁的顾客身上，有可能会适得其反，所以，大家一定要拿捏好分寸。

✦ 在线互动 ✦

（针对本节内容，如有疑问，可通过"宋健个人微信"留言咨询，将在 48 小时以内得到答复）。

✦ 要点精炼 ✦

讨价还价就是顾客"占便宜"的心理被满足的过程，而这个过程，就是设计师呈现"尽力"的过程。

第五节   用底价威胁你？回复之前要兜底

谈单困惑：
　　有的顾客很强势、很着急，直接扔个价格威胁你，行就签，不行就走人。可是，真的答应了，他又不签单。像这样的顾客，该怎样应对才能签单呢？

✦ 实战分析 ✦

　　顾客威胁要底价，却有着不同的心理与目的，只有明白了他们的区别，才能有效应对并签单。具体怎样区分，概括如下：

　　第一种：看中了别家，但又担心买贵了，于是，到你这里探探底价，然后再回去和之前看中的那家谈价格。

　　第二种：没看中你家，但享受了你的服务，又不好意思随便走掉，于是扔给你一个无法接受的价格，你一拒绝，他就可以"心安理得"地走了。

　　第三种：看中了你家，但对于价格心里又没底，于是，通过威胁的方式先要到你的底价，然后再出去做对比，看看是否"到底"之后，再决定买不买。

　　第四种：看中了你家，市场行情也对比清楚了，于是按照自己的判断，扔给你一个低价，试图通过威胁的方式达到自己的目标。

✦ 实战讲解 ✦

讲解话术一

（情景一）
顾　客：我的户型图你也看了，大致的要求也都告诉你了，你先报个底价吧？
设计师：方案还都没有开始做，我没法给您报价啊。
顾　客：那 ×× 怎么可以报价了？你就说 15 万元能不能做吧？
设计师：既然您非得要报价，那我也只能说最低也要 17 万元。
顾　客：×× 报价才 15 万元，你们也太高了。
设计师：那这样，我就照着 15 万元给您做方案，您看这样总行了吧。

顾　客：那不行，你不能降低装修质量。

设计师：可以，保证您前面的需求都满足，15 万元，你看行不行？

顾　客：好的，我心里有底了，那我过两天带老婆来的时候再来定吧。

设计师：啊？我以为您今天能定呢！

（情景二）

顾　客：方案都看好几遍了，26 万元太高了！给个痛快话，最低能多少？

设计师：大哥，价格真的不能再降了。

顾　客：唉，怎么这么麻烦！我还着急接孩子放学呢，那就 24 万元，你问问领导行不行，不行就拉倒。

设计师：要不我再去问问老板吧……

顾　客：老板怎么说？

设计师：老板说最多再降 1 万元，再少的话真的不能做了。

顾　客：才降 1 万元啊，这也太少了。

设计师：又降了 1 万元，真的不少了。

顾　客：降得也太少了，我再考虑考虑吧……

讲解话术二

（情景一）

顾　客：我的户型图你也看了，大致的要求也都告诉你了，你先报个底价吧？

设计师：方案还都没有开始做，我没法给您报价啊。

顾　客：那 ×× 怎么可以报价了？你就说 15 万元能不能做吧！

设计师：大哥，方案还没出来，而且主材也没定，这也太难了吧！如果您非得要报价，那我只能说 15 ～ 20 万元之间，最后具体是多少，还要看方案怎么定。

顾　客：你这等于没报啊！你就说，最低 15 万元行不行？

设计师：大哥，估计您也对比不少了！那行吧，如果按照最低标准的话，其实我们 10 万元也能帮您装得很漂亮，您看今天能定吗？

顾　客：10 万元呀，能有保障吗？

设计师：呵呵，价格报低了您又开始担心了，所以，方案没定下来就报价，都是忽悠，您说是不是？来，咱们来谈谈您对设计的具体要求……

（情景二）

顾　客：方案都看好几遍了，26 万元太高了。给个痛快话，最低能多少？

设计师：大哥，这个价格真的最低了，再说了，前面都给您降了两次了！所以，实在没有空间可降了。

顾　客：唉，怎么这么麻烦，我还着急接孩子放学呢，那就 24 万元，你问问领导行不行，不行就拉倒。

设计师：大哥，您可真是急性子，不过，我想请教的是，除了价格之外，您还有没有其他方面的问题了？

顾　客：没有了，就剩价格了！你赶紧问问老板。

设计师：那好吧，我再帮您问问老板，不过，您先别抱太大希望哦，因为24万元的确比较难！您稍等一会，我去找老板。

顾　客：那你就多帮我争取争取嘛。

设计师：张大哥，我被老板骂了一顿，不过这顿骂还是值得的！老板的原话是："再降1万元，也就是25万元，行就签，不行，只能说没缘分了。"
您看，老板都把话说到这份上了，也足以说明我们的诚意。

✦ 答疑解惑 ✦

宋老师
　　慢慢磨蹭价格的顾客，一般诚意都比较强。但是，顾客威胁底价的时候，那就不一定了，可能是为了拒绝购买，也可能是拿你做参考，当然，签单的可能性也比较大。所以，要有区别、有节奏地应对。

设计师
　　宋老师，"讲解话术一"和"讲解话术二"的本质区别在哪里？

宋老师
　　首先，"情景一"是第一次见面，方案还没做顾客就追问底价，此时需要跳过对设计师不利的价格纠缠，把顾客引导到做方案的方向上来。不难看出，"讲解话术一"只是纠缠毫无意义的价格本身，而"讲解话术二"则是力图把顾客引向怎样做方案。
　　而"情景二"则是方案看好了，顾客威胁要低价。"讲解话术二"在回答价格之前先排除一下"还有没有其他问题"，一是清楚签单障碍，避免答应价格之后顾客再反复，二是对顾客"威逼"的一种回应，也就是，你把我"逼向墙角"，我也要"断了你的后路"，并且，在给出1万元的降价之后，立即推动签单。但是"讲解话术一"只是简单地给答复，甚至连签单都忘记了。

设计师

宋老师，为什么说威胁型的顾客没有磨蹭型的顾客诚意强呢？

宋老师

大家想一下，如果你非常认可人家的东西，而且很想购买，你会肆无忌惮地随便威胁吗？相信大家的回答是"一般不会的，因为万一对方拒绝了，尴尬的不是对方，而是自己"，所以，大家都会"小心翼翼"地揣摩对方的价格，然后一点一点地试探和磨蹭。

相反，之所以你能随随便便地威胁人家的底价，是因为你对人家的东西"可有可无"，至于对方答不答应，你也"无所谓"，那么，购买的诚意也就可想而知了。

设计师

可是，面对价格的威胁，我们的确担心顾客走掉呀！

宋老师

是的，顾客要的就是你的这种担心，否则，他就不可能达到目的！

首先，不管顾客有没有诚意，都不要被顾客的威胁吓倒，随便做退让，比如你立即答应说："那好吧，就按照您说的价格来吧！"可是，你却发现很多顾客并没有立即签单，而是又开始找其他的理由继续和你讨价还价。

所以，要先通过委婉拒绝的方式表示你的尽力，以缓和紧张的局面。如果顾客真的立即走人，那说明缺少诚意，可能这个顾客原本就不属于你。

设计师

宋老师，您前面说要先看看顾客有没有诚意，那具体该怎样做呢？

宋老师

判断顾客有没有诚意，有四个途径：

途径一：顾客对方案认不认可。如果顾客对方案还存在问题就威胁要底价，那就说明诚意不足，即便你答应底价了，他也不会签单。

宋老师

途径二：顾客有没有提出方案之外更深入的问题。比如顾客提出更加具体的施工、材料、效果等方面的问题，而且提得越多诚意就越强。

途径三：排除一下顾客还有没有其他问题。前面两个方法都做到了，最后还要再排除一下，比如可以这样问顾客："我想请教的是，除了价格之外，您还有没有其他方面的问题了呢？"等。

途径四：顾客有没有表现出最后的纠结，比如看过方案之后开始左右徘徊思考，询问别人的建议，来回对比，深思寡言等。

最后的价格给到多少，顾客容易接受呢？

设计师

宋老师

这个问题，上一节已经讲过了，那就是期望值的 70% 左右，最好不要完全满足，否则，顾客会觉得要少了，然后继续和你讨价还价。即便顾客强势性子急，最后的时候也不能完全满足他的期望值，宋老师所说的"以诚相待"不单指价格，还包括态度上的，也就是设计师给出价格的语言方式和态度，比如"讲解话术二"中"我被老板骂了一顿，不过这顿骂还是值得的。老板的原话是：'再降 1 万元，也就是 25 万元，行就签，不行，只能说没缘分了。'您看，老板都把话说到这份上了，也足以说明我们的诚意了。"这样的表达，既表达了"尽力"，也给出了不能再退让的态度。

所以说，顾客直接，你也直接，但是，你的直接不是简单地回答是与否，而是态度的直接，不给顾客再留退路、留空间的直接。

◆ **在线互动** ◆

（针对本节内容，如有疑问，可通过"宋健个人微信"留言咨询，将在 48 小时以内得到答复）。

_____

_____

_____

_____

_____

◆ **要点精炼** ◆

快点签单？你越是急，顾客就越不急；你越是想赚他的钱，你就越赚不到他的钱。

第六节　总是担心有"万一"？你买菜的时候也这样

谈单困惑：

　　顾客越是到最后，顾虑就越多，总是担心这顾虑那，甚至还有人说"万一你公司关门了怎么办？"不回答吧，感觉我们没底气；回答吧，这些发生在将来的事情，绕来绕去很难解释清楚，这种情况该怎样推动签单呢？

✦ 实战分析 ✦

　　■　顾客最后的担心会很多，大致概括如下：

"万一装修效果不好看怎么办？"

"万一到时候你们用的材料不好怎么办？"

"万一吊顶造型做工不精致怎么办？"

"万一甲醛超标怎么办？"

"万一用不了多长时间坏了怎么办？"

"万一装出来的效果和效果图不一样怎么办？"

"万一出了问题你们公司关门了怎么办？"

…………

　　■　宋老师研究发现，这些问题具有下面几个特点：

特点一：顾客质疑的都是购买之后可能发生的事情，说明此时的顾客已经默认签单了，你在顾客眼里基本上没有大问题了。

特点二：此类问题和顾客解释纠结的越多，就越放大问题，顾客的信心就越被打压，做决定就越难。

特点三：顾客买什么都这样，不管去谁家，顾客都会有这些问题，所以，不是针对你的，而是顾客的购买习惯。

特点四：都是发生在将来的问题，设计师很难立即证明给他看，不管怎样解释，顾客都是将信将疑，所以，力图解释不是上策。

◆ 实战讲解 ◆

讲解话术一

设计师：您看方案还有没有什么问题？

顾　客：差不多没问题了。就是担心万一装修好的效果和效果图不一样怎么办？

设计师：您放心，肯定会一样。您看这个案例，这是我们出的效果图，这是装修好之后拍的实景图，您对比一下，是不是一样？

顾　客：我仔细看看，还是有区别的，你看这里，区别还是很明显的。还有就是效果图很大气，但是实景图怎么这么小气啊？

设计师：大哥，您也真是太纠结了，这个地方之所以不一样是因为后来顾客要求修改的，不过您看效果还是挺好的。另外，实景效果还是比较大气的，这只是照片拍摄得不够好而已。

顾　客：嗯，还是有不少区别。还有就是，你们实际用的材料到时候不会和承诺的不一样吧？

设计师：张大哥，您怎么就这么不相信人呢！我们这么大的公司，怎么可能弄虚作假，这不是在砸自己的品牌嘛。您放心，到时候真有问题您找我，我给您负责到底。

顾　客：那你万一你辞职不做了，怎么办？

设计师：大哥，您老是这样想，那我可真的没办法了！

讲解话术二

设计师：您看方案还有没有什么问题？

顾　客：差不多没问题了。就是担心万一装修好的效果和效果图不一样怎么办？

设计师：啊，原来您在担心这个问题啊！您放心，装修出来的效果和效果图肯定是一致的，这个我还是很有把握的。万一到时候真有什么问题，您直接找我，我给您负责到底。大哥，您看开工日期定在哪天？

顾　客：另外，我还是担心到时候你们用的材料质量有没有保障？

设计师：哎呀，张大哥，咱们都谈到这份上了，您怎么还在担心这个问题啊？您看，合同上我都备注好了主材所选择的品牌了，所以，您真没必要担心这个问题。如果装修的过程中您发现实际使用的材料真有问题的话，您直接找我，我给您负责到底。张大哥，您看开工日期定在下个月15号怎么样？

顾　客：你别总说找你呀，万一到时候你辞职换工作了，我去找谁啊？

设计师：哈哈，我怎么觉得您装房子都把自己装焦虑了呢？张大哥，开个玩笑哦，您别介意。说到辞职，我是不可能永远都在这家公司做，但是，我敢向您保证，至少两年以内绝对是不会的，您看，我在我们公司混得还是挺不错的。

所以，您的这个顾虑真的太没必要了。好了，合同填写好了，请您在这里签字……

✦ 答疑解惑 ✦

宋老师

设计谈单，谈的是思路、是套路，尤其面对顾客问题的时候，哪些话题能接，哪些不能接，能接的又该怎么接，不能接的又该往哪个方向引，都需要设计师拿捏好、把控好。

而顾客最后"万一"的问题，大多都是属于不能接，但又关系着能否签单的问题，这就需要分寸的拿捏和引导。

设计师

我感觉"讲解话术一"和"讲解话术二"差不多啊，方法上没有太大的区别吧？

宋老师

如果你感觉差不多，那就只能说明你没有用心看。

"讲解话术一"直接钻进了"效果对比"的话题里，看上去自己很尽力，解释的理由也很好，但是顾客的顾虑并不会减小，相反的是进一步加深了顾客的担心；而后面"您怎么不相信人""您这样想我也没办法"既是对顾客的质疑，又表现出"懒得理"的态度，让沟通越来越难继续下去。

"讲解话术二"没有对顾客担心的"效果"问题进行过多解释，而是通过"万一有问题，您直接找我"的方式给信心，然后立即推动签单；而当顾客又提出"材料"和"辞职"话题的时候，设计师仍然耐心地给信心，并时刻不忘推动签单。

设计师

您不知道，有的顾客真的很刁钻，竟然说"万一你们公司关门了我找谁去！"您说多气人啊。

宋老师

是的，的确很气人。

但是，作为卖方的设计师，一定要按捺住心里的抵触情绪，更不能说消极的、破坏性的话，比如"您怎么这么不相信人呢""给您都讲好多遍了，您真是太多虑了""您非得这样想，那我也没法了"，这样的话只能成为沟通的障碍，让签单无望。

宋老师

那么，又该怎样有耐心地应对呢？有三个方法可供参考：

方法一，可以先开玩笑似地打破一下尴尬，同时又能释放自己内心的情绪，比如像"讲解话术二"中的"哈哈，我怎么觉得您装房子都把自己装焦虑了呢！"然后再给理由、给信心。

方法二，也可以先"呵呵"一笑，以此作为对顾客问题的回应，然后快速给出你的理由和信心。

方法三，可以用惊讶的方式做回应，以表示顾客"真的太多虑了"，比如"讲解话术二"中的"哎呀，张大哥，咱们都谈到这份上了，您怎么还在担心这个问题啊？"

宋老师，您说得对，是不能把顾客反驳回去，那又该怎样解释顾客才相信呢？

设计师

宋老师

不能反驳，但也没必要解释。

首先，顾客最后"万一"的问题，其实和"我先随便看看"性质一样，都是购买时候的口头禅、习惯语；请大家回想一下，你去菜市场买菜，是不是一边往袋子里拣菜，一边嘴里还自言自语地唠叨着"你们的西红柿不新鲜""你们的价格太高了"，我想请问，此时的你真的接受不了人家菜品的新鲜度吗？人家的价格你真的不能接受吗？我想答案都是否定的，所以，你的这些"唠叨"其实就是习惯语、口头禅，并不影响你继续拣菜、付钱。

所以，聪明的卖菜阿姨从来都不会接你的话茬，而是微笑着帮你称重，收钱。相反，如果对你的话不服气，或者反驳你，或者反复作解释，最后的结果很可能生意没做成，甚至还会吵起来。

总之，针对顾客最后"万一"的问题，不要解释过多，避免节外生枝，因为顾客只是随口一句的口头禅，并不是非得向你要个答案。

宋老师，那我在合同上给顾客做好承诺，行不行？

设计师

宋老师　最好不要在合同上增加承诺。原因有二：

第一，装修本来就有很多无法控制的地方，一旦把你的过度承诺写到合同上，哪怕以后只有一点点的小问题，顾客都会因此而放大，拿着"白纸黑字"投诉你，所以，这样做是在给自己找麻烦，后患无穷。

第二，只要你能在合同上增加一个承诺，顾客就会提出更多的要求，而你又无法满足，于是，你又跳进了另一个坑，所以，这个口子最好不要开。

设计师　不能多解释，又不能给承诺，那又该怎么办呢？

宋老师　怎么办？

给信心！就像"讲解话术二"中一样"您放心，装修出来的效果和效果图肯定是一致的，这个我还是很有把握的。万一到时候真有什么问题，您直接找我，我给您负责到底。"这就是通过给信心的方式降低顾客的顾虑，再加上顾客原本只是随口一说，大多数的顾客都不会再纠缠下去了。

怎么给信心呢？大家要学会三句话，那就是"您放心""包在我身上""绝对没问题"，如果再加上坚定地胸脯一拍，顾客也就没什么可说的了。

设计师　宋老师，给顾客信心就能签单吗？

宋老师　给信心只是对顾客"万一"问题的回应，大家不能指望顾客听了你的话之后，就会主动提出签单，要借助顾客暂时"消停"的机会，快速提出签单，就像"讲解话术二"中一样：

"大哥，您看开工日期定在哪天？"

"张大哥，您看开工日期定在下个月 15 号怎么样？"

"好了，合同填写好了，请您在这里签字"

总之，不管你有没有答应顾客的要求，也不管顾客是否满意了你的回答，只要做了回应，都要顺势推动签单。

✦ 在线互动 ✦

（针对本节内容，如有疑问，可通过"宋健个人微信"留言咨询，将在 48 小时以内得到答复）。

_____

_____

_____

_____

_____

_____

✦ 要点精炼 ✦

怎样把控顾客心理？

换位思考！工作中你是卖方，生活中你又是买方，所以，只要多留心，每个人都是"心理专家"。

第七节　拒绝签单理由多？争取机会找病根

谈单困惑：
　　方案满意了，价格也谈好了，顾客却说时间不急，还要和家人再商量一下，但是顾客一旦走掉了，就再也邀约不来了，过段时间再联系，居然和别家签单了。像这样的顾客该怎么办？

✦ 实战分析 ✦

■　顾客最后拒绝签单的时候，往往会找各种理由为自己开脱，具体如下：

"方案价格都明白了，不过要和家人再商量商量。"

"房子还没到手，先不着急，过段时间再来定吧。"

"方案是不错，就是价格太高了。"

"我再考虑考虑。"

"等我看好地板的款式再来定方案。"

"我老婆还没看方案，等下次一起来的时候再定。"

…………

■　此类拒绝签单的问题具有以下特点：

特点一：是顾客推迟或拒绝签单的理由和借口，是出于礼貌的"谎言"。

特点二：顾客肯定还有哪方面的顾虑或问题，只是你不知道，或者顾客不愿意告诉你。

特点三：就顾客的问题进行解释是徒劳，因为问题并不一定就在他的"借口"上。

特点四：顾客只要一离开，就有可能消失在众多的装修公司之中，什么时候再回来，你几乎是失控。

◆ 实战讲解 ◆

讲解话术一

顾　客：方案和价格都明白了，不过我要再和家人商量商量。

设计师：大哥，方案您也认可了，价格也这么实惠，您就先定下来吧！如果您家人后面有什么问题，我们再做调整，保证您和家人都满意。

顾　客：也不只是这个问题，主要是地板的款式我还没选好，等地板定下来了，再来定。

设计师：方案里用的就是您喜欢的柚木色地板呀！至于怎么买，其实市面上这个颜色的地板很多的，不影响方案效果。

顾　客：还是再等等吧，我的房子下个月才交房，过段时间再来定。

设计师：大哥，房子那么高的价格买的，您肯定希望早点装修好住进去，所以，今天先定下来，我们把工作提前都做好，等下个月房子一到手，就开始装修了，多节省时间啊！否则，等房子到手再来定，又要推迟一两个月，多浪费时间啊，所以，还是今天定下来吧？

顾　客：呵呵，我还是再等等。

设计师：那好吧，那就再等等。

讲解话术二

顾　客：方案和价格都明白了，不过我要再和家人商量商量。

设计师：是的，您要和家人商量我也能够理解，不过，我想请教的是，您除了要和家人商量之外，还有没有其他方面的问题了呢？

顾　客：这个……

设计师：比如是方案、材料、施工，还是价格的问题？

顾　客：就是总价还有点高。

设计师：哦，原来是这个问题。那除了价格之外，您还有没有其他方面的问题了？

顾　客：其他的都差不多了，主要就是价格，26万元有点高了。

设计师：好的，明白了。大哥，那咱们就直接一点，我想先请教一下您的心理价位是多少，然后我们看看能不能达成一致？

顾　客：22万元行不行？

设计师：哈哈，大哥，您一下子干掉4万元，您下手也太狠了吧！说实话，22万元真的太难了。这样吧，如果今天您能定下来，一口价24万元。

顾　客：啊？24万元，太高了。要不你再去问问老板，真不行就再等等。

设计师：又要找老板啊，您这可是让我找老板挨骂哦！那好吧，那我就帮您再找老板问问，看看还能降多少。不过，我还是担心您除了价格之外，还有没有其他方面的问题了。

顾　客：没有了，你赶紧去找老板吧。

设计师：好的，我这就上楼找老板，不过22万元真的很难，所以，您先别抱太大希望哦……

✦ 答疑解惑 ✦

宋老师　　顾客的问题可分为四类，它们是习惯性的、正常性的、策略性的和借口性的，每一类问题的顾客心理都是不一样的，而应对的方法也必须不一样，否则，你的回答就会失效。

　　本节顾客拒绝购买时候的问题，是属于借口性的，应对好了，顾客就可能签单；应对不好，顾客可能永远都不会再回来了。

设计师　　宋老师，我看"讲解话术一"没什么问题啊，我们平时也都是这样做的呀。

宋老师　　如果你的做法真的和"讲解话术一"一样，那你应该丢失了不少单子。

　　为什么这样说呢？

　　"讲解话术一"中顾客先后借口"家人""地板""没交房"三个理由想走掉，可是，设计师却信以为真，就这三个问题去试图说服顾客，结果可想而知。

　　不同的是，"讲解话术二"则一直试图挖掘出顾客真实存在的顾虑，在两次确认顾客"没问题"了之后才去向老板请示价格，一步一步地把顾客推向签单。

设计师　　其实拒绝签单也很正常啊，为什么顾客还要找出很多理由呢？

宋老师　　你一遍遍给顾客做方案，顾客享受了你的服务，但又不想立即签单，肯定不好意思，怎么办呢？那就找个借口吧，既能为自己开脱，又能给你一个面子，同时，又给自己留下一个后路。

　　所以，千万不能随便相信顾客拒绝签单的理由，否则，像"讲解话术一"那样作解释，基本都是无用功。

设计师

既然不能相信顾客最后的问题，顾客又快要走掉了，怎么办呢？

宋老师

首先，不能随便放弃！不能简单地回应"那好吧，您再考虑考虑吧""那行吧，等您房子到手了再来定也行"等。因为，只要顾客离开了，你就对他失控了，不知道他去哪里了。所以，设计师的机会只在于顾客还没有走掉的时候。

设计师

不能随便放走，但又该怎样留住顾客呢？

宋老师

怎样留？首先要辨别以下顾客问题的真假，引导他说出最后的问题。

比如，可以这样问："您要再考虑考虑，我也非常能够理解，不过，我想请教的是您主要考虑哪方面的问题呢？"说完之后最多停留3秒，如果顾客没有说，就往下引导："您是要考虑方案呢？还是价格呢？还是其他方面的问题呢？"此时，只要顾客给出一个理由，不管真假，你就可以拦截了："哎呀，原来是这个问题呀，都怪我刚才没讲到位，来来来，这个问题我一定要帮您弄明白……"就这样，顾客留了下来，你又多了一次机会，然后，继续往签单推进。

设计师

可是，有的顾客最后说"方案还可以，就是价格太高了"，这句话应该是真的吧。

宋老师

只能说有可能。

不管价格的原因是真是假，你都要排除一下，找准病根再下药，比如可以这样说："您说得对，按照刚才这个方案来做的话，的确总价是高了一点，至于什么原因您也都知道了。不过，我想请教的是，除了价格之外，您还有没有其他方面的问题呢？"

如果顾客说出价格之外的原因，那就快速解决；如果顾客说只剩价格的原因了，那就再去解决价格的问题。

> 有的顾客是期房，时间的确不着急，怎么办呢？ **设计师**

宋老师

顾客房子还没到手，不管多么认同方案，签单的可能性都是比较小的，所以，此时谈单的重点不是立即签单，而是要让顾客再回来找你，具体需要做到两点：

第一，要让顾客认可你，信任你。不要暴露太强的目的性，而是多为顾客着想，提供一些装修方面的建议，比如装修有哪些内幕，主材怎么选择，哪几个品牌性价比高，怎样监督施工质量，等等

第二，一定要留下设计伏笔，让顾客期待你的解决方案。比如可以说："根据您提供的户型图，我的设计也只能做到这个程度了，等您的房子到手之后，我到现场勘测之后，再有针对性地解决之前的那两个问题"，这就等于给顾客留下了一个问号，出于对问题的解决，再回来的概率也就大大提高了。

✦ 在线互动 ✦

（针对本节内容，如有疑问，可通过"宋健个人微信"留言咨询，将在 48 小时以内得到答复）。

_____

_____

_____

_____

_____

✦ 要点精炼 ✦

争取顾客回头两个"给"，一给面子，留台阶；二给伏笔，留理由。

第八节　逼单失控？五大技巧来把控

谈单困惑：

　　最后逼单的时候，总是很难把控顾客，有时候感觉应该签单了，可顾客却出现了节外生枝，签单失败。那么，怎样才能把控好逼单的节奏呢？

✦ 实战分析 ✦

签单节奏的失控，主要是以下原因所致：

■　原因一：不会识别签单信号

不懂得销售流程的推进，而是留在原地和顾客纠缠不该纠缠的问题，以至于错失签单机会。

■　原因二：不懂得把控主动权

习惯性地把选择的主动权交给顾客，让自己陷入被动，比如"您看行不行""能不能定下来""这样总可以了吧"这些都是非常业余的表现。

■　原因三：语言缺少控制力

该紧的时候不紧，不需要顾客说话的时候，却给顾客留下了太多"再犹豫、再徘徊"的机会。

■　原因四：抓不住签单的主题

不会趁热打铁，容易被顾客的问题带偏，等把话题再拉回来的时候，顾客已经"凉了"。

✦ 实战讲解 ✦

讲解话术一

顾　客：这两个方案都挺不错的，你觉得哪个更好一些呢？
设计师：两个都很好，就看您喜欢哪一个了？

顾　客：我就是吃不准呀，要不发给我老婆让她也看看吧！……我老婆说了，哪个便宜选哪个。

设计师：哈哈，嫂子真会过日子哦！那就选便宜的这个吧。

顾　客：但是18万元还是有点高，最低价多少？

设计师：您今天要是能定的话，我就给您按照下个月才开始的促销价17万元，您看这样行不行？

顾　客：不行还是有点高，15万元吧？

设计师：那我帮您再去找老板申请一下吧……恭喜您，老板同意15万元了。

顾　客：不过，我还是担心你们到时候用的材料没有保障啊？

设计师：这个您放心。我给您再来看一下我们用的材料，这是地板的品牌，这是板材的品牌，这是马桶的品牌……这些可都是响当当的大品牌哦！

顾　客：××品牌不好，我去他们店都爱答不理。

设计师：那好，我给您换成另外品牌的，这样总行了吧？您看还有没有什么问题，如果没问题的话，那就签合同吧。

顾　客：等一下，我再问问我老婆还有没有什么问题……

讲解话术二

顾　客：这两个方案都挺不错的，你觉得哪个更好一些呢？

设计师：如果只看美观，两个的确都很好，但如果要看空间诉求的话，第二个更有灵魂，因为它强烈地表达了不甘于现状的一种追求，而这也正是您一直想要的效果，您说是不是？

顾　客：嗯，有道理。那就定第二个吧。但是18万元还是有点高哦，最低价多少？

设计师：大哥，前面咱们反复调整方案的时候，我已经从22万元降到18万元了，价格真的没有空间了。所以，价格方面还请您多多理解！您看下个月5号开工行不行？

顾　客：要不你再找找老板吧，看看17万元行不行？

设计师：张大哥，您这可是让我找老板挨骂呀！不过，我估计17万元挺难的……张大哥，真的恭喜您，老板答应再降5000元，也就是17.5万元。老板说最后降的这5000元算是对我工作的支持。张大哥，合同信息我都填写完毕了，请您在这里签字。

顾　客：哎呀，就5000元呀，也太少了。

设计师：张大哥，这5000元也是老板为了支持我完成这个月的任务才答应的，咱们都这么长时间了，您也对我支持一下。来，请在这里签字。

顾　客：不过，我还是担心你们用的材料有没有保障。

设计师：您放心，我们肯定会按照合同上约定的材料给您装修的，万一到时您发现有什么问题，您直接找我，我一定帮您负责到底。这里签字就可以了。

✦ 答疑解惑 ✦

宋老师

最后逼单的节奏应该是什么样子的呢?

对比一下两套讲解话术就能感受得到,相对于"讲解话术一"来说,"讲解话术二"更有紧迫感,设计师把控着主导权,几乎不给顾客选择的机会,一直在把顾客往签单的方向上推进。但是,"讲解话术一"给人的感觉则是不快不慢,若即若离,而且,设计师一直都在被动地回答顾客的问题,至于签单的问题,设计师并不积极,好像是在等着顾客提出来。

设计师

宋老师,那到底怎样才能把控好逼单的节奏呢?

宋老师

有效逼单,需要从以下五个方面做好把控:
第一,抓住机会,推动顾客做决定。
第二,把控主动,不给顾客选择的机会。
第三,语言节奏,不给顾客犹豫的机会。
第四,不被带偏,牢记签单方向。
第五,少说废话,避免节外生枝。

设计师

请问"抓住机会,推动顾客做决定"具体该怎样做呢?

宋老师

如何推动顾客做决定,需要做到两点:
首先,要抓住签单的机会,比如顾客询问方案的选择、讨价还价、装修配合事宜、质量保障等,就是顾客潜意识同意签单的信号,比如讲解话术中,顾客提出"哪个更好",就是签单的好时机。
第二,就是不能像"讲解话术一"那样对顾客说:"就看您喜欢哪一个了",这是典型的旁观者心态,是不愿意承担责任的表现,于是顾客只能无奈地说:"发给我老婆看看",让最后的选择产生变数,造成对自己不利的局面。

宋老师 但是"讲解话术二"则直接给出选择建议，然后再从顾客的角度出发，给出专业的理由。案例中顾客为什么会听取设计师的建议呢？因为既然他主动询问你了，说明他还是相信你的，而且，你给出的理由也很充分，所以，在你的推动下，选择也就没有那么难了。

设计师 宋老师，什么是"把控主动，不给顾客选择的机会"？

宋老师 很多人会问："我询问顾客签单了，可为什么顾客却拒绝了呢？"

请大家看看"讲解话术一"中的"您今天要是能定的话，我就给您按照下个月才开始的促销价17万元，您看这样行不行？"我敢保证，绝大多数顾客都会拒绝。

首先，绝大多数顾客一到签单，就会习惯性地犹豫徘徊，所以，拒绝你很正常。另外，你征求顾客"行不行"，这是把选择的主动权交给了顾客，顾客只能习惯性地回应"不行"。

所以，不要征求顾客"可不可以""行不行"，而是像"讲解话术二"中那样直接推动签单，对顾客说："您看哪天开工时间方便？"，不管顾客答不答应，至少你没有给顾客选择的机会，至少你在主导签单的方向。

设计师 第三点"语言节奏，不给顾客犹豫的机会"又是什么意思呢？

宋老师 什么意思？

大家想一想，当回答了顾客的问题之后，接下来你要推动签单的时候，是不是顾客经常插进"不过价格还是……""可是……"等拒绝签单的话？其中的原因就是你的语言节奏没有把控好，给了顾客插话的机会。

与顾客沟通，有时候顾客不开口，我们想想办法让顾客开口说话。但是，不需要顾客开口的时候，一定要通过语言的节奏来把控，不给他插话的机会，比如"讲解话术二"中"价格方面还请您多多理解！您看下个月5号开工行不行？"两句话之间不能停顿，要一口气把话说完，以减少顾客犹豫徘徊插话的机会。

宋老师

所以，请大家注意，"讲解话术二"中最后两句话之间不要停顿，要一气呵成。

可是，我有时候被顾客的问题带偏了，怎么办呢？ **设计师**

宋老师

这就是接下来要讲的"第四点，不被带偏，牢记签单方向"什么意思？请大家看一下"讲解话术一"中"您放心，我再给您看一下我们材料都是哪些品牌的……"，这就是典型的被顾客带偏，一方面可能节外生枝，另一方面等你解释完了，顾客可能也"凉"了。所以，当对于签单的时候顾客提出的问题，回答一定要简单有效，不能解释太多、扯得太远，回答之后，要趁热打铁，快速把签单的话题拉回来。

怎么拉回来？请大家参考"讲解话术二"中的"您放心，我们肯定会按照合同上约定的材料给您装修的，万一到时您发现有什么问题，您直接找我，我一定帮您负责到底！这里签字就可以了。"

✦ 在线互动 ✦

（针对本节内容，如有疑问，可通过"宋健个人微信"留言咨询，将在 48 小时以内得到答复）。

_____

_____

_____

_____

✦ 要点精炼 ✦

签单之后，5 分钟之内把顾客送走，避免节外生枝；还要像朋友一样送客，因为，你的热情可以让顾客进一步确定自己选择的正确性。

图 1

图 2

图 3

图 4

图 5

图 6

图 7

图 8

图 9

图 10

图 11

图 12

图 13

图 14

图 15

图 16

图 17

图 18

图 19

图 20

图 21